老板是这样熬成的

THAT'S WHAT THE BOSS DID

景素奇 著

企业管理出版社
ENTERPRISE MANAGEMENT PUBLISHING HOUSE

图书在版编目（CIP）数据

老板是这样熬成的 / 景素奇著. —北京：企业管理出版社，2018.7

ISBN 978-7-5164-1750-8

Ⅰ.①老… Ⅱ.①景… Ⅲ.①企业管理 Ⅳ.① F272

中国版本图书馆CIP数据核字（2018）第141980号

书　　　名：	老板是这样熬成的
作　　　者：	景素奇
责任编辑：	尚元经　李　坚
书　　　号：	ISBN 978-7-5164-1750-8
出版发行：	企业管理出版社
地　　　址：	北京市海淀区紫竹院南路17号　　邮编：100048
网　　　址：	http://www.emph.cn
电　　　话：	总编室（010）68701719　发行部（010）68701816　编辑部（010）68414643
电子信箱：	qiguan1961@163.com
印　　　刷：	涿州市京南印刷厂
经　　　销：	新华书店
规　　　格：	148毫米×210毫米　32开本　9.25印张　220千字
版　　　次：	2018年7月第1版　2018年7月第1次印刷
定　　　价：	60.00元

版权所有　翻印必究·印装错误　负责调换

目录

前言 1

第一章
当老板的滋味

① 有点风光,却得"跪着" 2

② 可能有点钱,但永远欠人钱 3

③ 舞台越大,本事越显小 4

④ 大权确实在手但使用时却很无奈 7

⑤ 倘若想过正常人的生活,就别当老板 8

⑥ 为了企业活着,难免自我背叛 11

⑦ 钱要分给员工,但所有人的过失都得老板埋单 12

⑧ 发号施令易,无辜品尝员工的情绪垃圾苦 15

⑨ 老板那点权力,在现实面前很脆弱 16

⑩ 年终,员工要过年,老板要过"关" 18

第二章
当老板，你得有这本事

① 老板的进化期——开天辟地 22
② 老板的升华期——天地归位 23
③ 老板能力模型解析 23
④ 创业当老板的十大核心本事 32

第三章
他们为什么创业失败

① 知名总裁不知命的创业凄凉 42
② CFO 创业，200 万怎么就打了水漂 50
③ 林峰职业的无情轮回 57

第四章
穷熬创业期

① 熬生意 72
② 熬"人事" 104

第五章
苦熬青春期

1. 青春期企业六大综合征 ... 125
2. 老板、元老、经理人的三赢之道 ... 130
3. 如何识别圈子的性质 ... 134
4. 如何破解"恶性圈子" ... 136
5. 青春期企业的"动感三国演义" ... 140
6. 经理人与元老如何双赢联动 ... 146
7. 驾驭经理人与元老之十诫 ... 151
8. 下马威：青春期企业的致命毒瘤 ... 155
9. 保持狼性 ... 160
10. 怎样安全雇用CFO ... 164
11. 青春期企业如何选领袖 ... 171
12. 青春期合伙人的分家危机 ... 176
13. 如何避免成为"中国散伙人" ... 183
14. 中国式合伙中的人和事 ... 187
15. 专精还是多元 ... 191

第六章
扛熬变革期

① 老板如何扛与变 198
② 变革,谁是对手谁是友军 210
③ 变革浑水中的老板智慧 215
④ 应对这三类人,将决定变革成败 221
⑤ 高龄老板如何为基业长青加保险 226

第七章
熬成的老板是啥样儿

① 熬,早已习惯 234
② 熬五关,熬成一个合格生意人 236
③ 从做生意到做企业的跨越:再熬两关 243
④ 从做企业升级为做企业家:还要熬三关 249
⑤ 第十一关,熬成"过河拆桥"的超人 252
⑥ 第十二关,熬成超级英雄——蜘蛛侠 261
⑦ 第十三关,新时代民企老板的活法——熬炼成仙 263
⑧ 第十四关,救赎与涅槃——熬化成神 269

结语:啥样的老板必出事 274
后记 282

前言

这是个财富饥渴的时代，因为中国人刚从"溥天之下，莫非王土"的千年帝制牢笼中爬出来，刚从三十多年前物质极度匮乏的年代熬过来，所以，贫穷和饥饿让人们刻骨铭心。摆脱贫穷和饥饿，已成为这个时代人们本能的条件反射。另一方面，这是个变革转型的时代，每个人都处在不确定性之中，即使富人，也与贫穷只差一场大病，更不要说其他人了。为了增加未来的确定性，所谓有出息者，所谓成功人士，无不拼了性命赚钱，希望凭借看得见摸得着的财富，来抓牢汹涌海面上那块飘摇的舢板。士农工商，概莫能外。

发财！

近年来被揪出来的"苍蝇""老虎"从反面告诫人们，当官固然可以发财，但风险太大，而且一般人压根就当不上官，所以只好另觅他途。此途便是创业当老板。

当老板，又谈何容易！根据可靠数据显示，中国的民营企业平均寿命仅为3.7年，而中小型民营企业的平均寿命则更为短促，只有区区2.5年。

员工刚刚招来，迅速散去了；摊子刚刚支起，转眼塌掉了；

资金刚刚到账,倏焉花光了……

我从 2003 年初春,创业从事猎头工作以来,几乎每日每时都在与老板和职业经理人打交道。请让我说句心里话:千万别光是羡慕那些知名大老板的风光无限,一将功成万骨枯!老板是熬出来的,真正让企业活下去并长大成人甚而名扬天下的老板,需要长期的、全方位的、多维度的、多层次的熬炼,因此,这本书的名字便叫《老板是这样熬成的》。

在本书中,我把"熬"分为三期:穷熬创业期,苦熬青春期,扛熬变革期。创业期,主要熬生意,要解决的是企业生存问题,所以称穷熬。青春期,企业进入第二个十年,虽然生意问题依然严峻,但更为棘手的人事问题却已不期而至,因此主要是熬人事,解决的是人的天性与组织发展的矛盾问题,是情、理、法、义的抵牾与冲突问题。老板内心无限纠结与痛苦,所以要苦熬。变革期,面临的是外部环境巨变和内部环境固化的问题,既要解决生意问题,又要解决人的问题,所以老板只能扛,在扛中求变,以期企业的脱胎换骨和凤凰涅槃。

须知,打工是用己之长,创业是袭己之短。老板的短处,在创业期一定会成为企业发展的障碍,所以这一时期,老板必须学会扬长补短。创业有成后,老板的长就是企业的短,因为员工需要舞台感,老板某一方面过长,这方面有所长的员工就没有任何成就感,自然会离开,企业在这方面必然是短的。所以,创业有成后,老板必须学会补短避长。这对老板来讲,更是一种深刻的煎熬,是逆人性的煎熬。谁不想秀?秀是人的天性,但做老板就必须战胜天性。总之,既然选择做老板就必须铭记一个字"熬",从熬得住不赚钱开始,直熬到连自己都认为自己不是人,最终熬到油盐不进的神。这一路虽风尘苦旅,但你总算命大,回头看一眼那些残疾者的累累疤痕和阵亡者的遍地尸骨,除暗自庆幸自己的命大,你一定还会为他们一掬滚滚老泪。

这是最好的时代,也是最坏的时代。最好是因为每个人都有机会体验一把做老板的滋味,都可以尝试奔向精彩;最坏是因为时代变革转型外加技术高速迭代,给每一位创业者平添了无尽的难度与煎熬的强度。有人列举了中产阶级变成穷人的十种方法,排在第一位的是赌博,第二位的就是创业。创业赚钱之难甚至超过了炒中国股票赚钱的难度!

那为什么还要创业呢?上辈子欠别人的,这辈子来还的。抱着这种救赎的心态创业,一切都不用纠结了。所以,创业有成后,一定要有所放弃,这放弃的过程就是涅槃的过程。

创业是在为社会提供有价值服务的基础上,安排就业,上缴税费、捐赠社会,这既是物质上的救赎,也是灵魂上涅槃。救赎是物质上的贡献,涅槃是思想灵魂的洗礼。

最后一句话:一定要想好了再去创业,创业过程中一定要多看几遍这本书,它或许可以让你少走些弯路,少留些遗憾。

2018 年 4 月

第一章
当老板的滋味

这是一个最好的时代，人人都有机会当老板；这是一个最坏的时代，当老板真的太不容易，风光背后，谁知那无尽的停辛伫苦。我因为做猎头工作，与无数老板有深度接触，自己也做了15年的老板，深知当老板的滋味。那么，当老板是啥滋味呢？

1

有点风光,却得"跪着"

作为老板,尤其成功的大老板,可谓风险无限。也许很多人都看过恒大集团老板许家印的一张风光潇洒的劲照,后面跟的是明星范爷以及众多大有名头的人物。那个风采,谁不艳羡,然而,做老板是人前显贵,人后遭罪。李嘉诚曾经说过,客户给我的每一分钱,我都是"跪着"接的。官员有架子,读书人要面子,创业做老板要票子,既然要票子,就不能有面子和架子。这也就不难理解,要票子就必须"跪着"的滋味了。

先不说能否创业成功,即使成功了,成了富可敌国的大老板,他赚的每一分钱,都是"跪着"接的。我曾讲过,为什么万民向皇帝下跪,因为皇帝在通向皇权路上,都是"跪着"前行的。在登上皇位前,跪得比谁都多,即使做了皇帝,虽然高高在上,接受万民下跪,其实皇帝内心在向万民下跪。如果不是这样,皇帝在皇位上也坐不久。作为老板,一切荣耀的背后都是汗水、泪水的付出,都是跪出来的富贵荣耀。

创业做老板,可以天天自主安排自己的事情,永远有事情可做,用人们常讲的:"是一份事业!"然而这份事业,不同于一般的学术研究、创新、创造、个人爱好等,可以随心所欲地干事业。创业做老板这份事业,虽然也可以随心所欲地干,但是需要与太多的人、太多的社会机构打交道,建立的是广泛而复杂的社会关系,因此,就出现了随心所欲与社会关系制约的冲突,于是,创业就像上了一列没有终点的火车。这是我刚从职业经理人转入做老板时的感觉:这列既没有站点也没有终点的列车,没有刹车系统,一直前行,且永远不知道前面的路况怎样,想想都恐怖吧。虽然,创业者走过了多年,甚至十年二十年,创业的感觉就像蹦极无底的滋味:创业就像玩蹦极,而创业这个蹦极一旦蹦下去,永远没有到底的时候,且永远没有结束的时候,你只能心跳着玩下去,那滋味不尝也罢。这还不是指一般的创业小老板的感觉,即使创业有成的大老板也概莫能外,你去问问复星集团的郭老板、万达集团的王老板,问问明天集团、安邦集团、国美电器等等无数的企业的老板,创业真的就像玩蹦极——永远无底且没有结束的时候。这也许就是创业者的生活方式,假若你喜欢,就尽管创业。

2

可能有点钱,但永远欠人钱

创业当老板,可以随意支配钱,无论是创业准备金还是赚来的钱,作为老板都可以随意支配,其他人则没有这个自由。然而,创业做老板,每天睁开眼,就是欠人一大堆债,感觉债务永远在追赶自己，被无数人追债的滋味，而且生意越大，欠的债越多。因为你需要与更多的人签合同。2007年，有一知名外企职业经理人，我把他推荐到一大型民营企业做信息化总监，年薪80万，但他最终放弃而选择创业。2012年当我们又找到他时，他欣然接受了年薪40万的职位。问其又回来做经理人的感受，回答道：第一，终于有人给我发工资了，再也不用发愁给员工发工资了；第二，再也不用天天去求人，做些没有利润的边缘化的垃圾生意了，专业经验和能力根本用不上；第三，将来可以自豪地对儿孙讲，在那全民创业的年代，你爷爷也曾创过业，过了把瘾。

  无论是创业初期的老板，还是已经有十年、二十年历史的老板，无论是亏钱老板还是赚钱老板，都永远在体验一种滋味，账上的钱是有数的，赚钱的渠道是有限的，甚至是单一的，但列支的项目是数不胜数的。有太多花钱的地方，支出就像没有关上的水龙头，哗哗地往外流。一旦钱出了账户，就不是自己的了。这不像居家过日子，能省得了的。每天都得盘算收支平衡账。且不说经营亏损期，就是经营形势好，但现金流紧张时，一边要账困难，需要磕头跪拜，而天天被追债的滋味是十分难受的。

3

舞台越大，本事越显小

  打工时，往往感觉自己的很多专业才华得不到发挥，自己专业的本事领导不用，或者有时会认为自己很多才华只用了一方面。心想，当了老板，好好把才华发挥出来，本事都用上，然而，一旦走上了创业的道路，每天要处理的事情多如牛毛，80%的精力都用来处理无穷无尽的琐事，很多事情与专业无关，与自己擅长的领域无关。打工用的是专长，创业当老板玩的是全能，你擅长的领域问题很快解决了，你不擅长的领域呢，束手无策，但又必须解决。因此，感觉自己本事很小。无数的经理人创业后才发现这个问题，对此有切肤的感受。

有很多经理人创业前会想，创业不成再回头打工，这真是想得美。短期创业可以，真创个两年以上，若失败了，整个精气神都没了，很难再找到心仪的工作，因为职业的劲没了。我见过一个早期知名地产公司的规划设计总监，在业内也是响当当的声誉，后来下海创业，没有搞规划设计，而是做了一个物流仓储项目。创业三年头上，公司严重亏损，把公司关掉想重新执业。我在与他沟通时，完全不见当年的职业经理人的范儿，语言质量极差，说不到点子上，人没有任何精气神儿，这哪是高级专业经理人？我尽力与其探讨沟通，他讲，创业就是每天把绝大部分时间精力都用在处理琐事上，方方面面的事情都得应对，自己又不擅长，穷于应付，哪还用得着经营管理的专业？天天与最基层最基础的人和事打交道，到什么山上唱什么歌，和什么人打交道说什么话，时间久了，就成为了与打交道的人一样的水平，与自己原来的做专业规划接触到的人和事根本不沾边。所以，创业不成，还想回到自己的专业岗位上，很难。因为创业做老板是自废武功，丧失专业。我也问了这位老总，为啥不在规划设计专业领域创业，而去干一个和自己专业毫不相干的物流仓储项目？他说，是一个朋友提供的机会，感觉是千载难逢，很快就能回本赚钱，结果钱砸进去，血本无归。

即使创业做的是本专业的事情，大多创业者做的也不像原来在大平台上那些高大上的主流生意，而是边缘生意，根本用不着你做职业经理人积累的那些高大上的专业知识、专业经验、专业能力、专业智慧和专业资源。创业时间超过两年后，专业武功几乎就废了。多的只是换位思考的意识和能力，但缺乏了斗志和精气神儿及专业能力。所以，重返职场需要有一个过程。

创业做老板，大有我的生命我做主之心理，完全可以按自己的意志行事，想干什么，不干什么，怎么干，自己做主，不用听别人的，不用反复征求他人意见。但是真正创业后发现十分憋屈：一位曾在行业标杆企业做区域老总的R先生，辞职开了一个3000平方米的餐饮广场，希望由此起家，逐步做大。但不到两年，坚决不干了。原因是憋屈死了，一是任何一个衙门口的普通工作人员，甚至是临时工，如城管口的、卫生局口的、工商口的、税务口的、街道口的等等，包括安保人员，燃气公司的、电力公司的、自来水公司的任何一位普通员工，都可以捏你一把，肆意地对你吼叫一番，令你尊严扫地。还有那些街头混混儿、蹭饭吃的小流氓、地头蛇等，都得应对。而回想原来在标杆企业做老总，和区长、局长、市长、书记们觥筹交错，称兄道弟，是什么感觉？创业以后啥感觉，真是憋屈死了。憋屈到这种程度，挣多少钱都不干。这位标杆企业的老总体验了一把创业滋味，是自己可以想干啥就决定干啥，想怎么干都可以，但一旦干了，太多的憋屈，而这种憋屈还只是来自外部，因为干的事情是餐饮行业，需要和太多的地盘上的方方面面打交道。企业内部的憋屈那就更别提了。

4

大权确实在手
但使用时却很无奈

老板可以决定招聘人、解聘人，可以批评和表扬人，可以奖励和惩罚某些行为，可以随自己的个性说话，甚至可以说粗话、爆粗口，其他人则不行。这只是老板爽的一面，但创业做老板也有很无奈的时候，一位大企业老总 D 挑选了一帮敬业勤奋水平不错的部下兄弟出来创业，给的薪酬比原来在单位只高不低，然而创业以后，发现原来那帮干活卖命敬业的兄弟，刚热乎了三天，后来就不好好干了，甚至出现了怠工、玩游戏、干私活现象，甚至动用公司资源干私活，内外勾结坑害公司。批评教育谈心没用、出台制度、激励等等统统没用，总之处于半失控状态，自己的管理能力失灵了。原来的兄弟们怎么了？最后，很失望，决定用不认识的人，发现更不好用，自己感觉好无奈，于是决定放弃创业。我和 D 老总沟通后，他豁然明白，不是员工不行，而症结是创业公司一切都处在构建、生长、发育期，不可能像成熟大公司那样，有一套相对完善的体系管理，人在系统下干活，有制度、有监督、有激励、有文化引导，员工的神性就发挥出来。而创业公司啥都没有，人的魔鬼天性就释放出来。再说，给创业公司干，尽管你给的钱不少，但员工觉得公司没有未来，职业生涯受损，况且你请我们兄弟出来跟着创业，未来也许很美好，但现实很残酷，业务不饱满，饥一顿饱一顿，且都是难干的垃圾活，能好好干吗？D先生想当老板，原来的部下并没有想当老板的愿望，只是冲着美好的未来来的。这就是创业老板无奈的原因。

不仅创业公司这样，就是成熟的公司，老板可以在员工面前爽感觉的背后，也有很多无奈。比如，公开场合不得不批评员工，私下还得哄一下，心理按摩一下。不然，一直杠着，肯定不是事。有些不干活的人，也不是说开就开，说扣发绩效就扣发，不发奖金就不发的，总得思考再三，左右平衡。即使批评员工，也是分员工、分场合、看员工的心情，看企业环境。需要太多的顾虑和无奈，既想投鼠还得忌器。

5

倘若想过正常人的生活，就别当老板

打工，没有时间维度的自由。当老板，时间完全由自己支配，想什么时候上班都可以，不担心迟到、旷工、早退，可以错峰上班，也可以一天不去，不用向他人请假等审批，甚至可以三天不上班，没有任何人要求你。但是，这完全时间自由的背后怎样呢？我们来看看下面这位创业者。一对夫妇都在外企做到总监，2009年，年薪也都拿到了70万左右，丈夫Z决定出来创业，一年后盘算了一下，全年赚的钱有60万左右，于是决定不干了。原因是，从经济上看，辛辛苦苦一年赚的钱和打工没什么差别，但其他付出太多了：一是精神上付出，到处求人，还都是朋友，看着面子给活，以往的人情都还了不说，还搭了很多人情。人情债是最难还的，求人的滋味好难受。二是5加2，白加黑，365天日日夜夜，没个头，全天候为客户服务，这完全与打工两种感觉。这种滋味叫无休止的煎熬，打乱了生物钟，打乱了作息规律，打乱了作为一个正常人的应有的生活，感觉完全没有了自我。那个难受劲儿，说不清，道不明，如一个东西哽咽在喉。第三，不仅自己忙碌，夫人也跟着忙碌，时间上也不自由，上小学的孩子学习也耽误了，过去定期看望一下双方父母，当老板后这个时间也没有了。第四，没创业前，每年都和夫人一起出国旅游一趟；创业后，完全不可能了，生活质量直线下降。第五，健康没有了，根本没时间锻炼身体。总之，创业后，心都慌了，每天如同热锅上的蚂蚁，如坐针毡般难受。夫妻二人一商量，赚多少钱都不值得，于是决定关闭公司，继续打工，过正常人的生活。

景素奇的体验：关于时间方面，打工是相对不自由，当老板是绝对不自由。

创业做老板，不仅有很多时间上的自由，而且有决定干还是不干的自由。干完全是主动的，老板不干也完全没人催他干活。老板可以命令员工干活，甚至加班干活，自己可以休息。很多员工就是羡慕老板可以不干活，上班时间可以休息、可以玩，可以约朋友聊天，没有纪律制度约束，可以任何时候外出旅游等。但事实上还有另一面：我创业前几年，夫人总说，你到家，总是紧紧张张，连吃个饭都慌里慌张，好像后面有老虎追赶着。她总是问我，有胃口吗，吃的饭啥味道？其实，创业初期，吃饭真的没味道，任何事情都赶，做不完的事，心神不宁，总是心里有事的感觉，这滋味好难受。如果长期吃饭都没有滋味，那心里啥滋味。这是创业前几年，初当老板的心理状态就这样。

即使创业有成，企业走入正常后，老板也是被捆着的。面对突如其来的危机，只要不是老板，任何人都有选择不干的自由，甚至可以辞职。但老板不行，都不干时，或都干不了的时候，必须冲在前面，硬着头皮干下去，因为老板没有绝对的干不干的选择。只有一个，干下去的自由。如果选择不干的话，要关掉一间公司，在中国目前的社会生态环境下，可没那么多自由选择。只要关闭过公司，一定会清楚这意味着什么。

创业当老板，还有不为人知的一面，永远不能停歇的滋味。所有的打工者，都盼着放假，放假休息彻底放松一下。而创业当老板，也许刚开始不习惯无休止的忙碌，没完没了的事情，但是时间久了，一切都习惯了忙碌，永不停息的忙碌，而且身体的生物钟完全是忙碌状态。创业初期，品尝了太多的心急火燎的滋味，经常上火出口疮，时间一久，便习惯了，身体也习以为常了。我创业五年后，公司有了正现金流，节假日，夫人让我休息一下，结果非常难受，第二天就上火出口疮，完全不能适应正常人的生活，于是十一长假只敢休息两天，第三天就到办公室上班，火也下去了。你说，一个身体完全进入了高度紧张运转状态的被迫主动不能休息的人，一休息身体就出毛病，心里想想是啥滋味？更有些滋味只能自己知道，而不能说出口。这就是心慌。

老板心慌的是什么？时间久了，一到下班、过周末、节假日就心焦，一是员工都下班了，看到空旷无人的办公室，还得支付房租，心不慌吗？另外，习惯了上班时间的忙碌，一旦办公室没人了，老板停下了忙碌，心里就慌。这时我排解的方法就是打电话，或静下心来做些文字性、文件批复性工作。好在我是一直写作不停,趁长假写文章、写书。

为什么会这样?员工的生活和工作是分开的、平衡的,而老板的工作、生活、生命却是三位一体的。

6

为了企业活着,难免自我背叛

老板拥有着组织里的终极权力,权力原点在老板这里,很牛,但拥有权力的同时,也必然承担终极责任。不承担终极责任不用背叛自己,但拥有终极责任必然要背叛自己。这世界上,任何人都可以不背叛自己,哪怕你是宰相、王爷,任何人都可以辞职不干,都可以不背叛自己,但皇帝就不能辞职,不能抹脖子自杀。大多情况下,都在干背叛自己的事,就是违背自己价值取向,违背情理法义的事情,因为皇帝挑着江山,不能主动死亡,不能辞职,只能违心做事。

创业做老板就是一个组织的"皇帝",担着组织的终极责任,组织的任何角色都可以不做的事,但老板必须得做,背叛自己。头可断,血可流,革命的理想不能丢。不丢理想就是不用背叛自己,但做老板不能为了理想,让头断了。为了维持企业生存,必须得苟且,所以不得不背叛自己,背叛自己是这世界最难受的精神折磨,这是啥滋味?

很多创业者想做企业规规矩矩,违心的事不干,违背道义的事不干，违法的事不干，然而一旦步入创业的道路，才知道这只是美好愿望。在目前的市场生态环境下，只要做生意，开企业，就走上了违背老板价值取向（正统价值观）的一条不归路，老板可以清高，但清高没有生意，你发不出工资；老板可以不与乱七八糟的人同流合污，但你不能入"流"。要想做好生意怎么办？曲线救国，这就加大了生意成本，降低了利润。老板可以有底线，但市场上到处都是无底线的人。老板生意上可以忍耐，但面对权力生态环境，很多事情都是权力在直接违法，老板也只能背叛自己，因为企业要生存。大午集团的老板孙大午就是不向权力低头，最后招致了权力的棒喝，封账、抓捕等。权力最怕守规矩的人，老板守规矩了，权力就没有寻租空间了。有位老板实在不愿背叛自己，坚守底线，不想违法，被逼得生意做不下去了，怎么办？关闭公司，然而这一关，不得了，关出问题了。关过公司的人都知道，该有多难，最终还是破了底线，好在不做了，失望之极，最终移了民。有原则、有底线的人，在这个社会要做生意，会很纠结，很难受。

7

钱要分给员工，但所有人的过失都得老板埋单

一般人会认为企业赚的钱，除了日常开支，都是老板的。

员工会认为老板赚了大头,其实真的不是这样。企业赚了100元,能到老板自己兜里有10元就不错了,因为太多的人都等着分钱。且不说,老板是真的亏了还是赚了,赚了多少,但所有的员工的过错,最终都必须老板自己来埋单。老板可以怪罪任何成员,但企业所有的损失都得老板自己承担。因为老板是组织的终极责任者和埋单者。而造成损失的原因可能千奇百怪,但必须老板自己埋单。创业阶段,猪一样的队友太多了,但必须自己埋单,当你无论何时何地,无论何种原因,最终你要为所有的人的过错埋单时,心里是啥滋味?只能默默地吞咽下去,继续前行。

一位百货商场的员工,因为头天晚上夫妻闹矛盾,第二天上班生闷气,抽烟,心不在焉,烟头没有掐灭,随手丢弃,结果酿成大火,不仅商场商品全部烧毁、装修建筑烧毁,还烧死了几十位顾客,最终老板还是被判刑入狱。你说,老板心里是啥滋味?所以,老板拥有终极利益时,也就成了终极埋单者。还有更奇葩的,员工引发商场大火,老板被烧死。

老板在公司里话语权最大,甚至有的到了一言九鼎的程度,但是绝大多数老板,都难免被大多数员工骂作不诚信。任何事情老板可能讲了一百句话,员工记住的是对他有利的一面,至于责任的一面,很多都没记住,等到时间点了,员工就要你兑现对他有利的承诺,然而员工根本不会考虑承诺兑现后,对其他人、对老板、对公司的伤害。因为这个承诺当时有很多附加条件,可员工不会记得这些附件条件,只记得对自己的有利的一面,就像吃甘蔗只吃甜的。老板为了干成事情,承诺了很多,但最终事情没干,员工却记住了你的承诺。别忘了,老板的承诺是有条件的,但员工没记住条件,只记住了承诺。最后,员工可站在情理法义的制高点上控诉老板不诚信，可老板能去四处叨叨吗？

创业度过生存期，进入发展期后，开始了扩张阶段，生意越来越多。老板可根据企业发展需要，安排员工实现企业目标。这是企业发展的需要，也是老板意志的体现。然而老板安排培训员工后，带来了另外一个问题：培养得越好，品尝背叛你的滋味越浓。你天天组织值得培养的员工外出参观学习先进企业的经验，或直接研讨学习竞争对手的成功做法，或亲自教他们做生意的经验，过一段时间后，你会发现，这些你重点培养的员工，要么跑到你竞争对手那里去了，要么自己开公司，直接和你竞争了。甚至带走你的客户，带走你的资源，带走你的团队，伤害你没商量。腾驹达猎头有一段时间，被同行整建制挖人，不仅挖成手，甚至连入职半年的稍微有些业绩的人都被挖走，后来发展到三个月培训完毕，就被挖走了。更有甚者，也有业务团队的负责人带着团队，带着客户，带着日常沟通联系的人才及在公司日积月累的简历库，一走了之，甚至协商好，安排好离职顺序，留守的人潜伏下来，拿着公司开的工资，占用着资源，里应外合，开着外面的公司。

这时作为老板，你会直接感受到别人背叛你的滋味。这滋味，不是一两天就能熬过来，无论你制定多严的竞业禁止协议都没用，挡不住背叛的大军前赴后继和公司对抗，唯一能改变的是自己的内心的修炼，慢慢学会了承受，"天要下雨，娘要嫁人"随他去。面对背叛，心里虽不好受，但习以为常。在竞业禁止方面，新劳动法在保护员工方面是法律，在保护企业方面几乎等同于一张废纸。

8

发号施令易，无辜品尝员工的情绪垃圾苦

作为老板当然可以随时随地发号施令，可以对某一个你看不惯或认为做得不好、不对的员工展开你认为正确有效的批评，有居高临下、正确、权威代表的感觉。但是，老板必须承受另一面，经常会有员工给你写邮件、发短信，打电话，或直接闯到你的办公室，怒气冲冲、劈头盖脸地来一顿感情宣泄。末了，怒气冲冲的员工才知道是道听途说，或歪曲理解了某些东西。如果不是老板，你完全可以和他战斗一番，但作为老板只能是劝他下次搞明白来龙去脉后再怒发冲冠，甚至，还有在事实面前狡辩者。作为老板，永远不知道，下一分钟会有什么情绪垃圾倾倒过来，老板就是一个单位最大的情绪垃圾桶。做老板，必须品尝这无辜的滋味。

作为老板在处理事情上，可以按个人偏好行事，比如有的企业老板爱喝酒，就喜欢聚会让员工喝酒，因为喝酒可以和老板有效沟通；有的老板爱抽烟，无论在任何办公室和会议室都有烟缸，那些不抽烟的员工，无论男女都得忍受，被动吸烟；有爱搓麻将的，有爱飙歌的，有爱运动的，员工无形之中，都要跟着改变，尤其老板在处理某些事情的时候，其处理方式会带给员工很大的影响，员工只能适应，不能不适应。但作为老板，也要忍受有些无理取闹的员工，有个男员工追另一女员工，追得过了点，双方在社会上打了架，伤得也不重，只是皮伤，双方也都报了

案，派出所根本不管这种小事，然后两方都找回单位。其中一方，还带了很多社会上的人以及家人到单位闹，非要单位赔钱，真是不讲理。老板找谁诉说？

9

老板那点权力，在现实面前很脆弱

老板可根据企业实际需要，也可根据老板的兴趣，以组织的名义制定公司各项规章制度（当然要符合程序），老板既可以严格按制度办事，也可以弹性处理。这时，作为老板可以充分体验组织的立法权和执法权是啥滋味。但是，同时老板也被迫甚至是被逼无奈品尝社会公权力滥用带来的痛苦体验：首先说企业普遍品尝的劳动法滋味，劳动法制定的目的首要是保护劳动者的利益，所以，员工可以随便辞职而不负任何责任，甚至有些员工根本不辞而别，但企业还要考虑员工的职业前途酌情处理，还要担负很多连带风险，很被动。企业要辞退低绩效员工、怠工员工、捣乱员工、碰瓷员工，因为法律的不完善和偏向性，就非常被动，感觉到这个法律在一定程度上是在保护恶人和流氓无赖。同时，即使劳动法规定了约束员工条款，比如竞业禁止等，现实中却根本没有什么约束力。当然，创业做老板，是法人，处处受法律约束，当企业受到伤害需要法律保护时，却难以得到法律救济，甚至有时是无辜的被伤害，因为会遭遇到其他多方面公权力弹性执法。尤其中央政府有啥政策风向时，某些基层公权力的行使者会借政策风，把企业逼得死不成也活不得。最终把规规矩矩经营的企业逼上了违法的道路。

创业做老板，情理法义是并用的人力资源工具，老板的角色最能体验这四项工具的组合使用，灵活运用，但是，当这四种工具冲突面临抉择的时候，老板内心的痛苦和无奈是常人无法理解的。比如，企业发展是有阶段性的，企业发展进入新阶段了，一些老员工不思进取，甚至居功自傲、负面情绪严重；有些虽然进取但观念、能力实在无法提升，达不到岗位能力需求，阻碍以及不能适应公司发展，怎么办？如果不辞退或换岗，必然阻碍企业发展，影响企业发展速度，被竞争对手超越，企业陷入停滞或关门破产。作为老板，为了组织的利益，为了全员的利益，正确的做法就是及时撤换或清退不合适的员工。但被清退和撤换的人不这样认为，会认为老板过河拆桥。

被元老骂，背负兔死狗烹的骂名，火烧庆功楼的骂名，其实老板心里也不忍心这样做，但不这样做又不行，为了大局，必须及时换掉岗位上不称职的员工。老板在法理上和情义之间的冲突中抉择确实是一种煎熬。

老板就是企业的天，老板在体验作为天的感觉的时候，往往人的天性都会跟随释放出来。这感觉肯定倍爽，但日常工作中，老板不仅要战胜自己的天性，还必须战胜人的天性在组织里发生的共振。比如企业步入成熟期时，组织的变革重组是一件必然的事情，因为人的懒惰天性必然成为组织懒惰的天性，如果老板再让自身懒惰天性释放出来，在激烈的市场竞争中，企业的过往无论多么辉煌，瞬间都会消失得无声无息。这时老板首先要战胜的是自己懒惰的天性，同时也要斗智斗勇想方设法战胜人的天性在组织中的共振。创业初期是一个人在奋斗，或者带领一个狐疑的团队去进行一场没有把握的战斗,变革是打全员都反对老板的突围战。变革之艰难不亚于创业,主要原因是时代环境变了,但绝大多数员工、元老、骨干、优秀战将、管理层,都在按部就班地干活,虽然也有人呼喊变革,但真正变革开始时,阻力绝对超乎想象,不仅几乎所有人都反对变革,就连真正呼喊变革的人也会阻碍变革,因为人的懒惰的天性发挥作用了。谁都不想变革,变革必然会触动现有的利益格局。动了谁的奶酪谁都不高兴。所以变革注定是老板个人的一场突围战。我在本书第七章将专门谈此事。所以,任正非带领华为走到今天,就是经历了无数次成功的变革的结果,而且在做大以后,每次变革都有舆论的推波助澜,变革的滋味任正非最有资格谈。

10

年终,员工要过年,老板要过"关"

做老板还有一种体验就是赏罚的权力,决定赏罚的标准、赏罚的对象、赏罚的多少,这都体现老板的意志,每到奖赏的季节,多少员工翘首以盼,希望老板能给个心仪的数,甚至八仙过海、各显神通,讨好老板;罚的时候,被罚的员工多么期待少罚些或不罚。其实老板拥有这些的时候,必然面临着无奈,赏罚可不是简单的一件爽事,他影响着每一个员工的情绪,影响着组织的公平、公正,影响着企业的工作效率和文化导向,决定着企业的未来甚至生死。比如,年底发奖金这件事,究竟老板该给每个人发多少，怎么发，老板都是愁人。按制度规定来，但制度是死的，是上年度定的，仅按制度企业就甭干了。说句实话，每到年终的奖励，老板都非常头疼，无论怎么发，发多发少都有人有意见，不仅发少的人有意见，发多的人也有意见，虽然奖金红包保密，但实际中是保不了密的。只要发奖金，就是矛盾集中爆发的时候，所以，年底老板发奖金红包，不仅发愁怎么发，发多少，而且发完之后，老板还得经受考验和煎熬，会有很多人找来老板诉说不公和不平。不管企业赚不赚钱，年底都得发红包，让员工回家过年。但是发了钱，无论发多发少，都会有矛盾爆发，都要到老板这里诉说，老板成了这个矛盾的焦点。大过年的，老板还得接受员工情绪的垃圾，心里滋味肯定不好受，但老板也得过年。过年后，有些关键员工离职了，肯定与年终奖金红包有关。其实，年终发奖金红包，对老板肯定是一关口。没当过老板，很难理解年关是啥滋味，很难理解传统的"年"与"关"的滋味，当了老板就知道了，尤其是企业经营形势不好，欠一屁股债的时候。

　　创业做老板可以体验想干就干，想不干就不干，想啥时候干就干，想干多少就干多少，想干到啥程度都没人管，也没人检查你的工作，这是多么自由的境界！可实际上老板在干活这件事上，是一个痛苦的自我修炼，并战胜天性和习惯的过程。创业初期，必须改变过往朝九晚五的工作习惯，如果不是5加2，白加黑，365个日子都干的话，根本不可能创业成功。但是创业有成后，老板必须进化，不干活，让大家干，从5加2，白加黑，到慢慢不干活。这是一个痛苦的过程，因为要改变老板的习惯，这个不干活与一般人的不干活是完全两码事。老板的不干活是一件极其痛苦的事，因为看着员工把活干不出来，干不到位，总想自己亲自上阵，结果自己一上手，就乱套了，所以，作为老板当你创业有成后，为了企业的发展，必须改变自己干具体活的习惯。这是很难改变的，但必须改变。改变习惯，再看不上别人干活，也要忍受一下，自己不能插手干活，熬得住不干活。这两个相反的过程都是修炼自己心性的过程，战胜习惯，改变自己生物钟和生活状态的过程。

从做工兵开始，到一步步打下天下后，品尝所有的艰辛，历经九九八十一难，回归不干活的途中还有更困难的滋味，这个轮回，是凤凰涅槃，脱胎重生，轮回煎熬的滋味。老板就是要不断地自我变革，因为要战胜人性，战胜人性的共振，首先要战胜自己的人性。

创业做老板，最能锻炼人的能力，提升人的综合水平。因为老板想干的事情，可以最大限度地投入资源来做，常说的老板都是试错试出来的。同时，面对问题谁都解决不了时，交给了老板，老板必须得解决，因此老板练就了解决问题的高手，老板就是企业里的全能冠军，老板在组织里的成就感绝对第一。但是，企业发展不能靠老板一人，必须培养更多的能人，所以，老板为了培养人才，就必须放手让新人试错，包括培养组织的管理者、领导者，就必须有个试错的过程。这个过程是要付出代价和成本的，而这种成本和代价都需要老板自己来承担，所以，老板必须过这一关。因此，看着是错误，是弯路也得走，弯路走多了，就不走了。这也是老板心智修炼的过程。一个轮回不够，还得经历持续的轮回，所以创业就是持续修炼，不断轮回的过程。人们常说老板不是人干的。正常人做不了老板，老板就是把人熬成老板，老板就是在人和鬼神之间来回游荡的，更多的是人和鬼神的结合体。

第二章 当老板，你得有这本事

老板有啥难当的，不就是每天不干活，还时不时训斥人？如果是这样，为啥绝大多数人创业都失败了呢？为啥那么多才高八斗、雄心万丈的 CEO、CXO 们，创业却铩羽而归？原因就是不清楚当老板真的需要啥本事。创业当老板既要练就开天辟地的能耐，也要战胜自己，进行天地归位的圣修。

1

老板的进化期——开天辟地

老板创立公司是从天地混一的状态发展而来，要想成为老板必须经历全部进化过程，从最初是优秀的员工，中层的专业总监，到决策层，到CEO，到成为投资人。一句话，作为老板，不仅是做老板，首先应是所有角色的混合体，每一种角色，都做到优秀，才能最终成就一位老板。就像盘古开天辟地一样，老板必须在天地混一的状态，首先扮演优秀的工兵，即专业人士，其次扮演一位专业管理者，第三扮演一位决策层，第四扮演一位CEO，第五扮演投资人，混合在一起就是老板。老板从创业的第一天起，就是这五种角色的混合体，必须把这五种角色有机地混合在一起，每个角色都扮演好，才是创业期的一位合格的老板。

2

老板的升华期——天地归位

随着企业度过漫长的生存期，逐渐进入发展期，规模成长、品质成长到成熟期，在企业发展过程中，老板的角色也逐渐从混合状态一步步分离。首先分离工兵角色，即把专业人士的角色分离出来，扮演专业管理者、决策者、CEO、投资人的混合体；然后再进化，把专业管理者的角色剥离出来，由专业的管理人士来干，老板就扮演决策者、CEO、投资人三位一体的混合角色；然后再把决策者的角色分离出去，只扮演 CEO 和投资人的混合角色；然后再升华，把 CEO 的角色分离出去，只扮演董事、董事长的角色。这个过程就是从天地混一到天地分离的过程，是凤凰涅槃的过程，是修炼的过程，是熬的过程，所以老板是熬成的。

3

老板能力模型解析

我们先把优秀的工兵（专业人士）、专业管理者（总监）、决策层（副总裁层面）、CEO（首席执行官、总裁）、投资人逐一分解开来，分析其胜任能力模型。

优秀工兵（专业人士）的干活能力

①勤奋（态度）。作为优秀的工兵做事必须勤奋。勤奋几乎是成长的必由之路，勤奋背后折射的是一个人的工作态度，工作态度就是这个人为什么要这份工作。

②用心（状态）。做事必须用心，用心的人，工作状态就不一样。谁是否在工作状态，管理者打眼一看就完全清楚，根本不用表白，因为工作状态的背后是工作用心，只有用心的人才会把工作做好。

③专精（专业、专注）。无论多牛的人，精力都是有限的，要想把事情做好，必须专注去做，至少是在某一时间段内专注做一件事，来提升自己的专业水平。有专业了，效率就会提升。专注、专业合起来就是专精，就是在一件事上精益求精。

④持续的学习力（纳新）。作为优秀的专业人士，要想在这巨变的时代跟上时代的变化，必须有持续纳新的学习力。2016年下半年，我见过某知名互联网机构的一名班子成员，问其当时风口正紧的几个行业，如区块链等，竟然不知。这就是缺乏持续的学习力，可想这样的人肯定失去了市场竞争力，由这样的人组织成的商业机构迟早是要退出市场的。

⑤阳光开放心态（OPEN）。很多专业人士，自己积累了丰富的专业经验，就是不愿与大家分享，太狭隘自私，这种专业人士很难成为优秀。这在很基础的专业人士那里，是比较常见的现象，这就是为啥部分专业人士成长为专业管理者，而不少人始终都是最基础的专业人士，根本谈不上优秀的原因。

⑥平和、执着、激情、超越。作为优秀的专业人士，必须有平和的心态、执着的精神、充满激情、勇于超越自我。只有这样，

才能成为一名优秀的专业人士，否则只是一名专业人士。

缺少后两条不可能做到优秀，只具备前四条，是专业人士。

多长时间成专业人士？三到五年。人们常说，在一个行当干不到三年以上，很难说摸着门道。

多少人能成为优秀的专业人士？十里挑一吧，大多人干的时间长，只能称其为业内人士，而不能称其为优秀的专业人士。

作为老板首先是组织里最优秀的专业人士。这就是老板在行业内牛的原因，就是长期聚焦一个行业，然后在这个行业内成为专业人士，且是优秀的专业人士，因为他具备了上述六个特征。

专业总监的管理能力

要想熬成老板，仅成为优秀的专业人士肯定不行，他必须是位优秀的专业管理人士。常说的专业管理总监，比如研发总监、生产总监、销售总监、质量总监、客服总监、财务总监、人力总监等等，作为专业管理总监，须具备以下特征。

①高度责任心。很多基层专业员工也很有责任心，但作为一名专业管理总监，必须有高度的责任心，因为作为专业总监，必须对企业的产品质量、服务质量等自己负责的专业条线把关，所以，高度责任心是企业的第一道防火墙。

②自我认知。很少人能够正确认知自己，我总结人有内六、外六，尤其内六（生物钟、身体构造、健康状况、形象仪容、性格、禀赋），对自身的认知更难，比如很少人知道自己的生物钟是什么。内六就是人与自然的关系，外六就是人与社会的关系。人与自然的关系，就是人与地球的关系、地球与月亮的关系、地球与太阳的关系，及地球与宇宙的关系等。人的很多自然属

性就是这些自然关系形成的。比如一年四季的变化，人在春夏秋冬的状态不一样，昼夜变化等引起的自身体内的状态变化，作为人要正确认知这些东西，据此调整和发挥自己的最佳状态。

③自我控制。只有在认知自己的基础上，才能有效控制自己。尤其控制人的自然情绪，控制好自己的情绪，才能把握好自己与自然和社会的关系，才能是一位成熟的人。内部沟通，控制好自己，才能有效地与外部沟通到位。

④外部协调。控制好自己，才能与外部有效协调。只有内部沟通到位，外部有效协调，才会有良好的执行力。

⑤为荣誉而战（专业）。优秀的专业总监已经超越了本职工作，能做到的是为专业荣誉而战，自身的声誉品牌要高于利益等很多东西。到专业总监的层面的人，如果还只是计较个人利益，而不重声誉，那么这个专业总监也做不长。

⑥分享，不吃独食。要把自己的获得的专业经验及人生智慧与大家真分享，毫无保留地分享给上级、下级、同事及组织。只有这样的人才是位优秀的专业总监。

⑦关心到位。作为一名专业总监，对下属专业人士应该关心到位。要想关心到位，首先是观心，观心的基础上，才能关心到位。所以，作为专业总监，一定会观心和关心员工。同时也要会对上级和同级观心和关心。

⑧难点突破。难点一般指专业难点，作为组织，一般遇到专业问题，都有专业总监带领团队完成，再往上的管理者主要是负责组织资源，调配力量了。所以作为专业总监，一定能带领专业团队，突破专业难题。如果不能解决，估计组织就该另觅专业总监了。

⑨适度包容。原则上专业人士是很少具备包容力的，但作

为专业总监，必须具备包容性，因为，你带领的专业团队的大多数专业人士是缺乏包容性的，且大多是有个性的，因此，专业总监必须具备包容性，把一帮有个性和缺乏包容性的专业人士团结起来，实现组织的专业目标，支持公司向前发展。

⑩职业操守。作为专业总监，有一定的人权、财权，所以职业操守必须过关，如果为了私利损害他人和组织利益，这样对组织为害甚巨。所以，作为专业总监，其专业操守就显得非常重要。职业操守无非就是拿错钱、上错床问题。在组织里面就是吃窝边草问题。

熬成老板的专业总监，除了上述的能力模型外，就专业管理而言，不同于一般的专业人士，要更优于专业人士，所以从专业性和专业度两个维度解析。

专业性是指一位专业总监的专业知识，专业经验，专业能力，专业资源，专业智慧、专业操守。专业度是指专业总监的专业宽度，专业深度，专业高度，专业速度，专业精度。

领导决策的能力

最终熬成老板的专业总监，还必须是一名优秀的决策者。优秀的决策班子成员，必须具备以下三方面的能力，第一，超强的忍耐力。第二，果断的决策力。第三，角色的扮演力。

超强忍耐力是指在组织中做到决策层，很多事情就必须忍耐，而不是随便发牢骚，一味埋怨。因为做决策层成员，随便一句话，就会带来很大的影响，所以，必须谨言慎行。一些事情，不管是否随自己意愿，只要组织决策了，就得去执行，居高临下，看到很多事情，干的很多事情，并不是自己喜欢、支持、同意的，所以，必须说服自己，这是组织行为，必须做，必须控制自己的情绪，因此，超强的忍耐力是必须的。

果断决策力是指作为决策团队成员，组织的领导者，在很多事情上不需要与人商议，不必要开会商议，必须快速地果断地做出决策，不然，事情都耽误了，这时候再召集人开会，再与大家商议，毕竟大家都是虚的信息，不在业务一线，作为组织的分管领导，必须依据自己的知识、经验、智慧判断，快速做出决策，尽快推进工作，确保组织日常运转，不要拖来拖去，商来量去，把事情都耽误掉，不然组织设置一位分管领导、班子成员就失去了意义。

角色扮演力是要做靠山、港湾、帆船、并蒂莲。作为班子成员在组织中有四种角色，对下级就是靠山，让下级有依靠。不做下级靠山，下级就不知道该靠谁去了，问题到你这里有个答案，有个说法，各种冲突、矛盾等到这里都要有个说法。同事们的港湾，在职场上征战，大家都很累，都会遇到各种委屈、困惑、诘难，这时同级别的人应该相互宽慰鼓励，成为躲避心理风雨的港湾，但不能结派。对上级就是帆船，就是坚决执行领导的决策，执行组织的决定，因为你不执行，领导就会调集其他资源来执行。对外合作要做并蒂莲，大家利益共享，不能只考虑自己的利益和本组织利益，因为失去了合作伙伴就没有市场竞争力，没人和你合作了，企业靠啥实现目标？

CEO的超常能力

老板在成长过程中，必须练就决策者的能力，但同时也要练就CEO的角色。这个角色，有五个方面的要求。

①敢于担当。作为 CEO，企业经营管理的一把手，必须有担当，敢于担当，勇于担当。其实，很多人都缺乏担当，躲事。遇到事情尽量后躲，躲矛盾，躲责任，躲风险。如果 CEO 都躲事，那企业不就完了吗？有一家农业科技公司，遭遇东北的客户上门讨说法，其实是两个女的，中午喝了点酒，提了酒瓶子醉醺醺、骂骂咧咧找到办公室叫骂，企业的 CEO 是一部委出来的处长，被聘任到这家企业半年时间，被吓得从其他门溜跑了，由此遭到全员耻笑。一个 CEO 不能顶住事，自己都吓跑了，还叫爷们儿？连个爷们劲儿都没有，还当什么 CEO。其实这点事，放在老板那里根本不算啥。

②整体把控力。作为 CEO，必须要把握全局，不能出乱子，要使整个组织在平稳有序中前行。一个组织重要的是不能翻船，然后还要保持正常的前行。这是一种超强的综合能力，要保证方方面面不出问题，实在需要很强的组织管控能力，精细的组织流程、制度、管理队伍、员工培训、日常监督检查等等。同时，也要确保企业向前发展，这需要眼光、见识、判断力、决策力、推动力、执行力、运营能力。如果 CEO 不能确保企业向前平稳发展，或者企业发展速度低于同行，很多有能量的员工就会离开组织。所以，作为 CEO，不容易，不是谁都能当的，这就是常说的千军易得，一将难求。做老板首先要具备 CEO 这一条能力，这就是很多专业技术人士，靠着一门专业技术创业往往不成的原因。也是很多管控人员往往把组织管好了，但经营工作始终停滞不前的原因，说明其管理能力有余，但经营能力不足。

③忍受孤独的能力。作为 CEO，是整个组织的经营管理的一把手，很多信息到此为止，无法与人沟通，决策的逻辑有时无法向他人和公众表达。很多信息只能自己消化，但表现出来

的只能是另外一面，所以一个人默默地忍受。忍受孤独的能力是一名CEO必须具备的，做老板更是如此。

④母人才。作为CEO，必须是一名母人才，要善于培育人才、聚集人才、包容人才。人才是企业发展的原动力，所以，企业要想发展，必须培养、吸引、聚集一大批人才同时要会包容人才、管理人才、驾驭人才，让人尽其才，为组织的发展做贡献。

⑤和谐万事万物的能力。孙子兵法讲：知己知彼，百战不殆；知天知地，方可全身，这里的知天地，原意是知天气、地理的变化。在市场竞争中，引申为知市场趋势的变化，知生态环境的变化，知天地变化方可全胜。作为一名CEO，不仅必须做到知己知彼，而且做到知天地，只有这样，才能在做事前把敌人变成朋友；做事过程中，把反对者变成支持者；做事后要谦虚地赢得他人尊重。这就是说，做成事情要靠天时、地利、人和，但作为CEO要做到，天不合，合天；地不合，合地；人不合，合人；总之要和谐万事、万物、万人的能力。只有这样，才是一位优秀的CEO。很多人做不了CEO的原因，或者说做不了优秀CEO的原因就是缺乏这种能力。

投资人的独特能力

作为老板，除了具备一位优秀的CEO胜任能力模型外，还必须具备一个投资人的胜任能力模型。

①战略眼光，要对商业大势看得清楚，知道未来的发展大势，然后确定在一个有发展前景的，处于发展增长趋势的领域投资。

②投资分析能力。作为投资人,投资是要有产出的,要善于投资分析,把账算清楚,赚不赚钱,赚多少钱,把投资收益分析出大致来。

③选人能力。有了战略眼光,有了投资分析,决定干的时候,除了自己干,还要有人一起干,这就是选人的能力,所以,要有看人、选人的能力。选对人了,事情有可能成,但选不对人,事情一定不成。做投资和打工的区别,就在选对人还是跟对人的区别,做投资是选对人,打工就是跟对人。

④托人能力。投资人不仅会选人,还要会托人,自己不干的话,还要把事情托付与人。职业经理人是受托人,老板是托人者。托人除了信任之外,还要有一套的制衡体系,风险防范体系。

⑤敢赌。作为投资人最重要的一点就是敢赌,敢于决断,敢于冒险,愿赌服输。这需要赌一把的心智和能力。不能犹豫不决,蹉跎时机。

⑥承担风险的能力,做老板一定敢于承担风险,而且要有承担风险的能力,这个能力分内外两种。一是外在的,就是有经济实力来承担风险,自己的生活、职业发展可以作为赌注押上去,赔了自我愿意,但不能影响孩子、配偶、父母、兄弟姐妹的生活质量和状态,赌输了,欠了一屁股债,一家人跟着倒霉。创业投资不应该这样做,尽管你的初衷是为家人好,但大多结果是不遂人愿的。内在的承担风险能力是指内心是否承担得起风险,是否内心扛得住。是否练就了坚强的神经,应对超乎常人难以想象的压力。因风险过大时自己扛得住,不得焦虑症、抑郁性神经症、强迫症、恐怖症、癔症、疑病症、失眠症、精神分裂症、偏执性精神障碍等。

老板的胜任能力模型

5加1的综合能力。作为一个创业老板,从天地混一开始,要同时具备优秀工兵、优秀管理者、优秀领导、优秀CEO、优秀投资人这5种角色的胜任能力模型。同时老板还必须具备特有的一种能力——政治能力。什么叫政治,就是经营和管理一个组织。管理是为了规范有序,经营是为了组织可持续发展。这是笔者景素奇2001年在北京大学的一次论坛上讲到的。

但老板不是一出生就具备这6种角色综合胜任能力的,而是一天天熬出来的。老板是上述五者的有机混合体,然后再逐一分离。

4

创业当老板的十大核心本事

前面我们讨论了老板的能力模型,或者有人会问,当老板究竟需要什么核心本事呢?下面,我结合自身的创业体验及接触到的诸多老板,来直观地把老板的核心本事描述出来。

创业是当今中国几乎每一个人的梦想。但要实现创业梦想,得需要真本事。经常有人嘲笑某老板:就那水平,还当老板?你那只是看到了老板"菜"的一面,比如说话不行、学历不行等,但这些"菜"的一面并不是影响做老板的关键因素,而关键要素(本事)如下。

第一，超级强健的身体。经常有职业经理人找我咨询，打算创业。我就顺便问一句，你身体怎么样？回答：很好。我说，有耐力型运动员的体魄吗？回答：没有。当老板首先是要有超级强健的好身体，这里说的好身体不是简单的没毛病，而是有耐力型运动员的身体素质。

创业当老板，必须是5加2，白加黑，啥样的身体才能扛得住这样的劳动强度？一般人很难扛得住，必须是超强体力和耐力的人才能扛得住。这就是为什么很多优秀的老板是军人，网上曝光70多岁的任正非深夜一个人提着行李打出租车，王健林一天超级行程安排。二者都是军人。分析军人身体好的原因，一是先天身体没什么毛病，二是后天持续的有规律的训练，把锻炼身体当成了习惯。

身体超级强健说明什么？除了先天遗传因素外，更重要的是后天长期体力锻炼、耐力训练的结果。为啥说超级强健的身体是一种本事呢？因为身体超级强健者肯定能吃苦耐劳，有锻炼身体的好习惯，能够战胜自己。人的天性是懒惰的，超级强健身体者都是能够战胜自己的人，一个慵懒的人不可能有超级强健的身体。很多人都把锻炼身体的计划罗列了千万次，甚至购置了健身器材、买了健身卡，但从来都没有付诸实施，或虎头蛇尾，锻炼了两天就歇息了。所以说，拥有超级强健的身体，就是老板的第一大本事，没这个本事，要想创业成功，纯粹是做梦。

有人对百位亿万富翁做过调查，发现他们共同的特点之一就是坚持锻炼身体。

作为人，身体健康是一，其他都是1后面的0。作为企业，老板是一，其他要素都是1后面的0；那么，作为企业老板的1

是什么？就是超级强健的身体和维持强健身体的良好习惯。维持超级强健身体的背后，折射的是一个人持之以恒的坚持锻炼身体，这需要耐力、毅力和强大的心志及梦想驱动，把锻炼身体培养成一种习惯。

第二，自成一体的穿透力。超级强健的身体是创业老板的第一核心本事，仅有这个本事还不够，还必须有自成一体的穿透力的本事。什么叫穿透力，就是对事物本质的认知。

我接触过很多老板，尤其成功的大老板，他们有一个共同的特点，就是穿透力，而且是自成一体的穿透力。纷繁复杂的事情，一下子就抓住本质和关键点，然后再抽丝剥茧地把复杂的问题解决掉，这是一种非常独特的核心本事。

有一些人读过很多书，知识总量很大、知识结构很完善，但就是死的知识，不会活学现用，更不用说穿透了。这并不是说读书无用，而是说创业做老板必须要有穿透力；同等穿透力情况下，自然是知识总量越大越好，知识结构越合理越好；而且知识总量大，知识结构合理，更有利于形成自成体系的穿透力。有些学历羞涩的老板，虽然没有受过正规的学历教育，但后天的学习力特别强，尤其学习新知识能力强，因此，长期积累了足够的知识总量，再加上丰富的实践经验，因此，穿透的事情多了，也就形成了穿透体系，拥有了自成一体的穿透力。有了一套体系化的认知和改造事物的能力，老板把这种认知和改造事物的能力，用来解决遇到的各种各样的问题，这种能力既是一种思维模式也是一种智慧，更是一种习惯。

这种本事是老板长期学习他人经验和自己大量实践经验后的持续不断地勤悟、深悟后的概括总结，经过长期实践、思考，反复提炼，练就的一种认识世界改造世界的能力，即看穿了事务的本质，也能抓住事务的本质，从而有效解决问题。

第三，风险及机遇的预判力及决断力。做老板必须敢冒风险，敢冒风险不是盲目地冒险，而是有风险预判。正因为老板有自成一体的穿透力，所以才能比一般人能够更早更健全地认知及预判风险。当别人未知时已先知，提前布局行动；当别人狂欢时，首先发现风险，提前撤退，避免危机；而在人们普遍认为危机来临时，不仅不恐慌，反而因强大的穿透力，从容应对，危机中寻找机会，抓住机会。

这是老板的又一核心本事。

但老板在风险及机遇预判的基础上还要有一核心本事，就是决断力，看到机会就大胆行动出击，这是一种胆略和担当，也是一种对"度"的把握。有些人也有穿透力，但穿透了，不决断，犹豫不决，错过了大好时机，该进击的时候犹豫不进，丧失机遇；该退的时候犹豫不退，身陷危局。老板的这种本事，既是性格使然，更是长期的成长环境的熏陶，也是后天日积月累的修炼及对名利的淡然态度所造就的。所以，决断力是一种做老板的核心本事。

做老板往往有很强的风险意识，既要有一叶知秋的敏锐洞察力，同时又要有果敢的决断力，同时也要有承担风险的勇气和魄力。这才是老板应有的本事。王健林讲过，有两成把握就敢投资，这就是风险预判和决断力的关系。李嘉诚在风险预判方面更是令人赞叹不已。其实做老板每天都会遇到决断的事，这其中就涉及到对风险的预判和迅速决策的能力。

第四，坚强的意志力。创业做老板尽管需要有穿透力、风险及机遇的预判力以及果断的决断力，但是，这还不能保证事情一定能成，还有运气的成分。什么是运气？我们每个个体甚至一个组织，包括人类自身，对我们所处的市场、社会、自然界的认知都极为有限中的有限，而那些我们未能认知的东西同样在我们做事过程中发挥着作用。它们如果起好作用，做事顺遂，就是好运气；如果起负向作用，导致事情失败，就是运气不好。对那些不能把握的事情，失败了怎么办？做老板，必须学会坚强应对。其实创业做老板绝不是天天面对成功，而更多的是面临失败和问题。

古人云：福无双至，祸不单行。创业做老板更是如此，人多事多问题多，好事不会双临，但问题及失败来了一个后却会接二连三地光顾，怎么办？只有一种办法，应对，练就良好的心态，从容应对。

每天面对无数的问题和失败，必须要有好心态，尤其面对那些突如其来的意外，更不能急，不能乱了阵脚，必须练就坚强的意志力，应对各种复杂变量，本书后面的章节中，提到的各种琐屑的麻烦和问题，作为老板必须有平静的心态处理。所以，坚强的意志力也是老板必有的一种核心本事。

第五，能量满满，始终激情澎湃。创业做老板拥有抗拒挫折和失败的坚强意志力还不够，必须在挫折和失败面前有好状态。这个状态就是始终激情澎湃，能量满满。只有这样的状态，才能不惧失败和挫折，才能把失败的大门关闭，把成功的大门打开，一切以解决问题的理念、思路和方法来做事，问题早晚会得到解决。困难像弹簧，你强他就弱，你弱他就强。另外，老板只有能量满满才能影响和带动团队去解决问题，只有能量满满且持续激情澎湃，才会最大限度地汲取社会资源，把事情做成，合作方才会有信心把事情交给你做，否则，谁会有信心把事情交给你做。所以，老板的本事就是能量满满，始终激情澎湃，怎么做到这一点?这就是老板的本事。是理想、信念、强健的身体、还有其他,总之是一种精气神,是一种压倒一切困难的能量场和气息。

我曾描绘过一位大老板的状态:荒无人烟的沙漠地里回响着"我要改变世界"的呐喊,循声望去,发现是从一间钢铁水泥铸就的密不透风的地宫里挤出来的。走过去,打开地宫的坚固的大门,发现空荡荡的硕大的屋子里,堆放着一个上了大锁的大铁笼子,笼子里蜷缩着一位四肢全部被捆绑不能动弹的人,脑袋也被固定着,眼睛被蒙着,耳朵也被捂着,只留一张嘴。而"我要改变世界"的呐喊就是从这张嘴里发出的,而且这声音充满了激情、力量及自信。这个被捆绑的呐喊者就是老板。这是何等的本事,这本事需要什么样的身体机理和外部机缘才能修炼成?

第六,进退有据。创业当老板除了要有抗拒挫折失败的坚强的意志力及持续激情彭拜的状态外,还要有进退有度的本事,这本事是智慧。也许作为个体可以任性而为,但作为老板必须以大局为重,进退有据。该进的时候勇敢进击,该退的时候毫不犹豫退守。这就是长期在生意场练就的智慧对"度"的把握,切不可为了贪小利而忘大危险,也不可惧小难而舍弃大机遇。当老板一定要明白"留得青山在,不怕没柴烧"的道理。

李嘉诚进退有度,就是创业做老板的楷模。这需要何等的修炼和本事?因为,你是老板,你要有责任感,你要对全员负责,对顾客负责,对供应商负责,对社会方方面面负责。做了老板,才能真正知道啥叫社会责任。所以,有了这种社会责任,为了企业组织,你有时不得不背叛自己,因为有更大的我需要你牺牲小我。因此,必须要把握住进退的度。

第七,搞人的本事。做小生意靠自己的辛苦,但要把生意做大,必须靠人才。老板搞不定人,就不可能把生意做大。笔者与这个时代各个年龄段有代表性的许多老板有过接触，发现大老板都有搞人的本事，能把人搞进、搞顺、搞成、搞走，有把天下英才虽不归我有但皆归我用的人才理念，大多都有识人、选人、用人、留人、辞人的本事，知道如何让员工充满希冀而来，全情投入干事，感恩微笑着离开。

凡是成就大事业的老板，不是企业发展起来了，赚钱了，才去招揽优秀人才，而是创业初期一无所有时，就凝聚了优秀人才，有了一流人才，才干出了优秀的事业。比如马云的18罗汉，复星的四剑客，腾讯五虎将等，正是老板最初凝聚了优秀人才，才创造了伟大的事业。看一个老板能否成大事，有一个重要的视角就是看老板用人的理念、眼光以及凝聚人才的水平。

当然，老板的时间精力有限，根本搞不了那么多人，或自己搞人的本事有限，那怎么办？找到能搞人的人来搞人。只要把这个能搞人的人搞定就行了。这也是老板的核心本事。刘邦、刘备都是这方面的典型代表。

第八，赚钱的本事。创业必须赚钱，如果不赚钱，那与慈善机构有何区别？老板前面的本事都具备了，还得练就赚钱的本事。所以，赚钱是老板最核心的本事，老板必须练就发现赚钱生意的眼光，同时能够快速决断，调动资源，赚取最安全最大的利润。这些赚钱的本事都是靠老板的知觉和智慧。如果老板没有这样的本事，赚不到钱，谁会跟着你干？

第九，分钱的本事。赚钱不易，分钱更难。老板赚了钱，如果不分钱或不会分钱，也同样没有人跟随。分钱是胸怀和格局，更是智慧和艺术。这是老板的必备的核心本事，分钱的最高水平是分得大家都满意，并能为赚取下一笔钱而继续高兴地奋战。不会分钱，即使把钱都分了，也会有人不高兴，甚至都不满意。

分钱的艺术就是满足人们欲望程度的艺术，分钱的过程就是管理人欲望的过程。华为任正非舍得分钱，但分钱后，又通过股权激励手段都收了回来，因此，大家都又把钱、资源、时间、精力重新投入下一年度的战斗中来。这就是分钱的艺术。

　　第十，激励全员奋斗的本事。创业做老板不是一个人单打独斗，必须是团队成员全力以赴奋斗地奋斗。激励全员不是一味地许诺，刚开始创业的时候，啥都没有，拿什么许诺？拿什么兑现？所以创业当老板必须练就不同的时期、不同阶段、不同环境下最能激励全员忘我奋斗的本事。让大家一直拼搏在奔向未来的路上。如果员工赚了钱后，成为富裕员工怎么办？如何让富余员工持续拼搏奋斗，这更是老板必须练就的核心本事。创业做老板，就是带领全员一起经营未来，分配理想，享受艰辛创业的过程。这才是真正的核心本事。这个本事从组建队伍的那一天起就得具备，到企业行将关门破产时还得充分发挥。没这个本事，您给是干些别的什么事去吧。

第三章 他们为什么创业失败

因为做猎头，每天目送着那些要去创业前线打拼的英雄，同时每天又迎接着创业失败归来的英雄。2017 年上半年就遇见 4 位百万年薪以上的 HR 老总创业失败归来，他们分别创业了 2 年以上，一年以上，大半年，三个月左右，亏损额分别在 100 多万，80 多万，40 多万，10 多万。问其失败原因，除都不在熟悉的 HR 领域之外创业外，其他原因五花八门。问其收获，感慨万千，其中创业两年以上的那位，已经与老婆离婚。同时，也遇见一位做 HR 的女士，倒是创业三年以上，自己丈夫却成了别的女人的丈夫。下面给大家讲讲我遇到的几位创业归来的英雄故事。

1

知名总裁不知命的创业凄凉

50岁、执行总裁,两个词加在一起,应是和阅历、资源、成功联系在一起的。然而下文这位50岁的执行总裁,在创业后却和失败、困境、凄凉联系在了一起。殊不知,职场中许多高级经理人的创业都是在逃离火海,而不是选择希望。悲剧由此注定。

很多场合你都会听到那些演讲大师们在鼓噪:"创业不分年龄大小!"随即举出一到两位高龄创业成功的案例。然而你可曾想过:这些成功者毕竟只是万分之一!有人戏称,摸彩中大奖的概率,要比你走在街上遇见飞鸟拉屎到头上的概率还要低。那么我告诉你:当你50岁时去创业,成功的概率要比中大奖的概率更要低得多!因为50岁是知天命的年龄。然而偏偏有人不知命、不信邪,在这个年龄下海创业。最终,只是做了中奖者的分母……

这不,2006年冬的一个寒夜,在一间冷清的茶社里,我面前端坐的张先生就是其中的一位——在知天命之年去创业,却18个月铩羽而归。创业,不仅使他面相老了10岁,而且几乎消蚀了他所有的棱角——任何话几乎都能听得进去，好像到了耳顺之年。其实，岁月带走的不仅有青春和财富，还有更多……

20年的职场精彩

在聊天中我逐渐得知了他的整个人生经历、创业动机和大致的创业过程。

张先生1955年生人，1978年考上大学。本科毕业后当过两年大学老师，后又考上了一所名牌大学的研究生。1986年进入一所比较有名气的大学当老师，1990年就做了副校长。可谓年轻有为，风华正茂，前途无量。

然而，随后他认识了当时一位著名的房地产老板，于是他的职业方向发生了偏移——两年后被老板说动，跳槽到这位老板的公司做了副总裁，并直接担任当时非常大而且知名的项目做总经理。事实上他干得也不错。三四年后那位老板犯事进去了，他又跳槽到另外一家房地产公司做总经理。随后又跳过两次槽，一直做总经理。2002年年底跳槽到一家地产集团做了执行总裁，干得也不错。

20年的职场生涯可谓是持续精彩：在大学里仅用5年时间就走上了领导岗位；一下海就进入了社会关注度最高的行业，做了高级经理人；当时，50万年薪在同龄人里可谓万里挑一。

50岁负气创业

然而，2005年5月份，正值50岁的他却辞职创业，开了一间地产投资咨询公司，2006年10月企业关门破产。前后共18

个月。

为什么辞职创业?

从聊天中得知,主要原因是:老板答应他,把一幢写字楼运作包装转卖后,其毛利部分提取2%奖励给他。他把写字楼运作了大概一年半,差价大概有6000万,但老板最初的承诺就是不兑现。老板的理由是还有2000万的尾款没有收回,等全部收回后再提。同时老板还说:写字楼的买进价3个亿,卖出价3.6亿,这3个亿的资金,一年半的时间成本是多少?言外之意,这个项目是赔了。"我给老板赚了6000万,不但不兑现承诺,连一句肯定的话都没有,反而批评项目赔了。一生气,不干了。"

张先生在叙述这段话时,语气非常平和,但估计在辞职时肺都要气炸了。

18个月丧气关张

在一年半的创业过程中,张先生也通过朋友联系了不少房地产咨询项目,但多数都是免费咨询。因为这个行业不规范,签订的四五个项目,只是前期给很少的一部分,而那区区几万元钱,连最基本的成本都不够。为了赚钱,他联系了山西一家房地产公司做楼盘销售,组织了将近20人的销售团队,楼盘卖得也不错,合同佣金有300多万。然而迟迟结不回账款,前后总共也就结回了十多万元,连发员工工资都不够,还有各种管理费用、财务费用等等。因而公司一直亏损。等200万家里老底都花光了,销售人员的卖房提成却还一直开不出来。

员工不干了。他们说:"卖房子是我们的事,要账是您的事情。我们把房子卖完了您就得给我们提成。至于您怎么搞到钱那是您的事情。"

张先生用尽了各种办法也结不回钱，更借不到钱，走投无路的情况下，带着近20位销售人员集体到开发商那里去讨债。闹了几天，开发商老板出面说话了："您问我要钱，我问谁要钱？我这个楼盘还差十个多亿，其他楼盘也都因没有资金停着呢！你要是能帮我搞到十多个亿，让我把项目立即启动起来，我就一分不少地立即全部给您！"这无疑是不可能的。张先生的一位销售经理（唱白脸）说："要是不给我们告你去！"开发商老板一乐："这话说得好，欢迎去告，我等着你，反正欠的钱多了，我等着被关起来，还有人管饭，省得目前这样被追债，烦死了！"（这话说给谁听的？所以说，欠大钱的才是爷）

无奈之下，张先生只得欠着员工百万以上的提成费，让企业破产关门。员工无奈散去，张先生也开始重新找工作。

60天的无业困局

但张先生在重找工作时遇到的困难之大，令他大吃一惊。

他过去从未因找工作发过愁，都是企业、猎头公司追着自己。愣是找了俩月了，还没有找到合适的！他已不再要求非总裁不干了，甚至项目公司副总都行；也不再追求过去的50万年薪，一个月有一万就可以；也不要求必须在一线城市，二三线城市也行；也不像过去要求必须是大公司……然而，两个月下来，一无所获。只好自我慨叹道："老了，没人要了。"

张先生找工作困难的原因，有以下五个方面。

一是年龄太大。像他这样的"高龄高级经理人"目前在职场上已不是主力，在市场化企业里只起到插缺补漏的作用。所以，高龄经理人离职要谨慎。

二是做过老板。因为做过老板的人都比较有主见，比较自我，不符合企业老板的需要。而且，做过老板后，有的人上瘾，稍微有点机会，就又去做老板了。另外创业做老板，时间超过一年，专业武功就废了，因为创业做老板，干的净是杂事。

三是健康不佳。张先生做过18个月的老板，尤其在50岁创业做老板，其体力透支相当严重。

所以，创业做老板，身体素质是第一位的。

四是老板年轻。我国地产领域起步较晚，超过50岁的老板不多（2006年前后，50多岁的地产老板真不多）。我曾和一位30多岁的地产老板聊天，他的公司几乎不用比自己年龄大的经理人。

五是职业经历断层。假若张先生没有创业，一直做经理人，再找工作就比较主动。找得差不多了再提出辞呈，骑马找马，比下了马再找马，速度要快，成本要低，效果要好。

50岁创业的人生风险

看着他苍老的面容和体态，我心里涌起一股莫名的悲凉。

如果他没有这次创业，继续做着他的老总，家里存着200来万现金（2006年），再每年挣几十万，几年后就退休，生活该是多么悠闲自得……而现在，家底花完了，年过半百还要四处奔波糊口养家，而找工作又是那样难。即使找到工作，年薪也只能是逐年递减，而个人和家庭的生活成本是逐年递增的，因而至少三五年不能想着退休。干不动了也得干，否则退休以后的生活根本没有保障，毕竟创业后社会保险就没有接续，商业保险在 50 多岁再交已得不偿失……

总之，50 岁创业者一旦创业失败后，不可能像二三十岁那样重新来过，也不可能像 40 岁人那样继续从容执业，还能挣几年高薪。50 岁是创业的高危年龄，其风险是个人和家庭承担不起的。

逃离型创业的性格基因

张先生的职业路径，有两次重大转折：下海与创业。

那为什么他的人生会有这两次重大的转折呢？大的来说是由于市场客观环境的转变。第一次，从高校领导岗位跳槽到民企，那是小平同志南巡讲话后的春风，吹得不甘按部就班的精英人士坐不住了，纷纷脱衣下海；第二次是世纪之交，因就业难，社会各个层面都在鼓动自主创业，很多人就被这股创业风吹进了创业大军。

但外因必须通过内因来起作用。这个内因又是什么呢？就是人的性格和内在追求，外在表现出来就是一个人的文化，就是一个人想怎么活着。德国哲学家叔本华讲过："无论环境如何变化，每个人的生命自始至终都具有统一性格，每个人的一生就像用同一主题写就的不同文章而已。没有人能超出自己的个性，总是限定在上苍赋予他的狭窄天空里。"

张先生的天性决定了他总是在他认为的狭窄天空内做到一定位置时逃离，而不是去拓展天空。因为他的视野就那么窄。其实职场中许多人的跳槽、创业都是在逃离火海，而不是选择希望，包括高级经理人在内。像张先生这样的人士，两次职场的重要切换都是逃离：从高校领导到民企经理人，因为在他看来高校领导的职位是他人生的火海；当他从执行总裁的职位上辞职当小老板时，他同样是认为他所在的总裁之位是火海，一刻也不能呆，不然他只会跳槽而不会创业。

至于老板的不诚信，并不是决定因素，但却很说明问题。

对老板失信的换位思考

于是，我们就那120万元提成的老板承诺，也进行了深入交流。

"您现在如何看两年前老板没有兑现那笔提成的承诺？能理解吗？"我问。

张先生说：当然能够理解了，由于自己做了18个月的老板，亲身经历了自己没有兑现承诺，而且为此销售团队还闹了很久，最终还是没能兑现。可自己欠销售人员的那可是员工的活命钱，而老板欠自己的只是不影响小康的一笔提成。他说自己因老板失信而愤然辞职，而自己作为老板时对员工也没有兑现承诺，员工肯定也愤而离职。这时他才尝到了一份无奈。其实作为老板，几乎每天都面临着这种无奈，而更大的无奈还有更多……

回想起自己负气创业，张先生觉得当时很幼稚，看问题太简单了。当时他想：自己为老板赚取的毛利有6000万，尽管还差2000万的尾款，但有合同在，事情毕竟做成了，老板就应该给提成奖励，至少应该先提已经收回的毛利4000万。怎么能一个子儿不给呢？现在做了老板才明白：老板不给有老板的道理。

——收回的4000万毛利可能对公司来说是亏损的。老板凭什么在亏损的状态下还给提成奖励呢？当时老板只是提到了3个亿一年半的时间成本：如果按10%的借贷利率来计算的话，一年半3个亿的时间成本就是4500万元。只回了4000万，当然是亏损的。其实，作为运作这么大一个项目来说，一年半的时间内，时间成本只是其中一部分成本，还有更多的机会成本，更多在经理人层面根本看不见的成本。

如果把日常收入比做一棵树的鲜花和果实，树叶是支出的话，那么经理人即便你到总裁，也只是看到了鲜花和果实以及树叶，至于鲜花、果实、树叶下面的树枝则没有看到。而树枝长在什么地方？当然是树干上，树干下面还有树根。树越大，树根越深、越广。而经理人层面看见的成本大多是树冠，但树冠下面的成本则没有看到。所以一般经理人看到的收入有可能是真实的，但支出却不是真实的——只是很少的树叶的一部分，即便权限大一些的经理人也至多看到树枝和树干。甚至就是财务总监也只是看到了一部分。至于地里面的树根、树根周围的土壤，只有老板清楚。所以，经理人有时和老板谈收支平衡账，怎么能对得起来呢？有人会说：大家都在一起共事，又有很好的职业意识，说清楚不就得了？但要都搞明白了，生意有时就无法做了。这倒不是说背后有多少见不得人的猫腻，而是因为人心不平、人心难平、人心叵测啊！有些事情就必须暗着做。

从某一方面来讲，企业内部就是生产和分配两件事：生产追求的是效率，分配追求的是公平。无论是生产和分配都涉及到信息管理问题：生产就是尽可能地创造信息对称，分配尽可能地创造信息不对称。分配领域一旦信息对称了，企业就根本无法经营和管理了！因为组织成员内部，几乎每个人都认为自己对组织付出的多，得到的少。所有的人概莫能外。一旦信息对称了，全都透明了，组织成员都感觉吃亏了，就都没有主动性和积极性了，效率就自然下来了。所以，作为经理人算账时，是很难清楚企业运营的成本究竟有多少的。

2

CFO创业，200万怎么就打了水漂

没有创业过的人，永远不会体悟创业究竟意味着什么……

职场中有创业念头的经理人很多，付诸实施的也不少。尤其是刚刚30出头的经理人会认为：在当今的社会不创业，就如同白来世界上走一遭！因为太多赚大钱的老板水平比自己差远了！他能成我怎么就不能成？于是说干就干，轰轰烈烈的创业开始了，其结果如何呢？

由于做猎头顾问工作的特殊性，我几乎每天都是英雄眼前过，而创业失败归来的英雄可谓是数不胜数。总结经理人创业史会发现：经理人创业的头三年，生活质量下降者是百分之百；在两年之内创业失败，关门破产倒掉者占九成；真正能熬过三年的非常稀少。

每一个创业失败者都有一本难念的经，其中一位名叫 M 郭的 CFO 创业失败归来后的无限感慨，颇值得我们品味。

200万就这样打了水漂

一个春光明媚的日子里，经朋友推介，M 郭先生约我到一家茶社聊天。下面是我们对话的内容。

M 郭："我今天就想请您帮我做一次职业辅导，并推荐一份工作——月薪5000元就行！"

景素奇："看您的资历，月薪可不应是这个数……"此前M郭做过一家世界500强企业中国区某一公司的财务总监，年薪曾到50万；六年前到国内一家颇具规模的民营企业做CFO；2004年夏天，自己开始创业。

围绕这区区5000元月薪诉求的来历，M郭给我讲述了他的创业经历。

创业前，他所担任过CFO的那家民企，鼎盛时在业内名列前茅，年销售额近8亿元。后来老板（董事长）撤资不干了，无奈中，他就和该公司的总经理、营销副总三人组成了创业团队，注册了新公司，注册资本500万元。原总经理是第一大股东，占60%股份，做法人代表；他是第二股东，占30%股份，主管行政财务；那位营销副总占10%股份，仍管营销。他们三人带领着原企业主要骨干人员，在同一行业内开始了创业。

然而500万资金在不到8个月的时间里就耗得差不多了，而随后企业每个月以20万元的额度亏损！怎么办？三个股东协商后继续按股份比例投资弥补亏损。于是，M郭每个月从家里拿出6万元补亏。大概持续了将近一年，家里的钱几乎花光了，却还见不到曙光，企业继续亏损。M郭夫人不干了，给他下了最后通牒："我们娘俩也不希望跟着你荣华富贵，但你不要继续填坑了，给我们家留点活命钱吧！不论你干什么，只要每个月给家拿回来5000元钱就行。"

"这就是我今天让您给我推荐一份5000元月薪工作的缘由……"这位经理人半开玩笑地对我说。我们接着聊。

景素奇："那您的股份后来变现了吗？"

M郭："变什么现？我一分没要！"

景素奇："为什么没要？前后共投进去200多万，也没个说法？"

M 郭："要什么说法？啥都不说了吧。我也投不起了，也不愿亏了。我把股份全部转让给大股东了（三股东不愿意要），我再也不用每月从家里面拿钱填坑了。"

景素奇："你估算一下这20个月的付出有多大？"

M 郭："20个月的付出除直接投了200多万外，其他的无法估量。但我觉得比前半辈子付出的都多得多！"他以毋庸置疑的口气感叹道。

景素奇："你只是二股东，那位大股东的付出同你相比如何？"

M 郭："他是法人代表，他的压力自然要比我大多了！我的付出和他相比是无法相提并论的。"

景素奇："能否举例说明？"

M 郭："单看他的面色，这20个月老了快10岁。"

景素奇："有了这20个月的创业经历，你对老板的理解应该有了很大的变化吧？"

M 郭："那当然！过去我做财务总监给老板打工，帮着老板融了不少资金。可千万元的资金三下五除二老板就把钱花没了，而正经活儿还没干呢！就心想我要是做了老板，一定把钱用在该花的地方，踏踏实实地做事。然而，20个月来我充分理解了原来的老板：作为企业要花钱的地方太多了！每一笔钱都该花，老板紧抠慢抠，钱还是很快就没有了。不当家不知柴米贵……不做老板不知道什么叫花钱如流水啊！"

景素奇："开公司花钱是否就像关不上的水龙头，无论如何也止不住水哗哗地流？"

M 郭："没错，您的比喻太恰当了！您真正理解了老板！

我给没当过老板的人说，他们都不信。"

　　景素奇："您现在退出了股东，也退出了公司，有什么感觉？"

　　M 郭："如同解放似的，如释重负，终于看到了曙光。"

　　景素奇："你现在理解了当初老板为什么要撤资吗？"

　　M 郭："当初老板要撤资，我们三个死劝活劝可就是不行，老板撤资坚决。最后我们三个一商议：老板不干我们干！本来平时的活儿就是我们干的，原班人马，原来熟悉的市场，不就是流动资金吗！计划半年就会有正现金流，500 万的投资，含着丰足的备用金，无论如何花都能把公司开起来！可没想到，20 个月，500 万花完后，我们三个又投进去将近 300 万，几乎全打水漂了！虽然有些收入，但少得可怜。我们后来遇到经营困难时，也总结反思当初老板为什么要撤资，估计是这个行当太不好干了，不确定性因素太多了。但真正的原因，我们现在也不清楚。"

　　景素奇："还是你们三个人的管理团队，还是原班人马，做了 5 年本已经熟悉的市场，怎么就赚不了钱呢？原来你们几个带着员工随便一年都能干几个亿，如此大的差异，其原因是什么？"

　　M 郭："我在退出前也做了反思，前后之所以有如此大的反差，其区别有二。一是我们三个过去都没有当过老板，过去总认为老板有许多不是，总在评价老板的短长，等真正自己当老板了，才知道老板真不是好当的：需要处理的事情比经理人复杂得多了。当了老板才知道一个人的能力水平太有限了，才知道过去自己对自己能力评估过高了。二是过去我们几个人总认为自己正确，是老板阻碍了企业的进一步发展，自己很多想法不能实施。其实离开了过去的舞台，再干原来的事情几乎不可能。我们没有了舞台，就得打造自己的舞台——500 万的预算投资本想着绰绰有余，事实上根本不够。"

谁能保证总有救命稻草

和 M 郭谈到这里,我总结了一下我接触的创业英雄——失败的原因太多了,但都有一共同的原因,就是现金流接续不上。

有些创业者会充满遗憾地说:就差那么一点儿钱,当时要是有那么一点儿钱,就会完全是另外一番光景。言外之意,就是人快饿死了,给他口饭吃也许就会活过来。但是谁能保证就不会再有挨饿的时候?当再饿的时候谁又能保证刚好还有那么一口饭呢?其实做企业,就是要做到当企业每次挨饿时,都有那么一口饭让企业存活下来。许多企业把永续经营当作努力的方向,然而永续经营何其难也!于是我在思考一个问题:经理人要凭自己的能力重新打造一个舞台的成本,究竟有多大?

创业成本究竟有多大

我和许多创业成功(所谓成功,是指企业和老板还都正常活着),以及创业失败者深聊过。当谈及创业成本时,几乎每个人都感慨万千:创业成本实在太大了!以至于大到不能简单地用金钱来衡量。

我接触的许多经理人创业,大多都像这位 CFO——M 郭一样,创业年龄在 30～40 岁之间,把前半生家里的积蓄花光了,又不得不重新开始打工。

很多经理人创业都是先做计划书,把商业计划书做得非常详尽,其中必然涉及到预算问题。创业预算应该这样看:当计划 50 万就能赚到正现金流时,其实至少得 500 万。那创业者会说:计划花 50 万,我提前准备出 500 万不就得了吗?如果你真能准备出500万，那么你的创业完成至少需要5000万！为什么？因为创业者的胆量和计划是根据你的现金来决定的，这叫物质决定意识。有了现金，你就想做事。无论你多保守，都会做出超出实际运营能力的方案。因为创业的人大多都是激进派或者乐观派，而保守者通常不会张罗着创业。

其实，创业计划书不可能把遇到的问题都列举出来，事情的变化太多了，你不可能把未来的风险都列出来。如果都列出来还叫风险吗？风险就是你不知道甚至是不可预知的。商业计划书无论多么详尽，其实最多只是接近事情本身的20%。所以，创业就要应对未来的不确定性，应对未来的偶然事件。而这个不确定性的成本有多高，谁也说不清楚。所以，创业的风险就在不确定性，或者说叫偶然性，创业成功者一定是成功战胜了一个个小概率事件。而化解这些小概率事件同样需要钱。总之，创业的过程，就是缺钱的过程。这是任何创业者在写商业计划书时都不可能想到的，就算想到了也只是想想而已。真正缺钱时，才知道缺钱是什么滋味；真正创业后，才知道钱是那么不值钱，钱是那么不禁花！所以，天下的老板都"抠门"，都节俭，所谓"大方"那都是不得已而为，是外大方。所以有一个颇具规模企业的经理人曾感慨地说：一个企业里面真正最节俭的是老板。

经理人，你想过搭台的风险吗

经理人在日常操盘中见到的风险，都是有限的。通常老板完成了创业后，才会请来经理人操盘，因而创业阶段企业抵御了多少风险，经理人很难猜想到——这是没有创过业的人不可能想到的。

另外，企业的风险是与企业存续永远相伴的，每一次的风险化解就变成了企业宝贵的经验财富，化解失败就变成了灾难。企业做成了有做成的风险，做大了有做大的风险，高危风险大多在老板层面遇见和解决，而经理人层面是无法见到的。经理人见到的风险大多是经营管理中的风险，而背后的风险要比日常经营管理中的难度系数大得多。

所以，经理人在创业商业计划书里面预估的风险，只是经理人自己经历过的、看得见的风险，是经营管理中的有限风险。打个比喻说，就是舞台演员演戏的风险。演员演戏的风险都是有限的，演员哪里知道老板搭台子和维护台子的成本和风险呢？而经理人创业，尤其知名企业大平台出来的成功经理人，见过大世面，创业一上来就想搭大台子和高质量台子，而手里那点钱也就够演戏的费用——因为经理人的收入就是作为演员的薪酬所得，哪够用来搭台子？所以台子没有搭起来钱就花光了，或者台子搭得质量不好，还没有开场台子就塌了；或者台子搭好了没有维护费用，破台子怎么唱戏？等到台子都搭好了，又请不起演员，戏该怎么演？所以，经理人创业遇到的风险，都是从前未曾遇到过的老板层面风险。

创业失败，归去来兮……

景素奇："通过您这20个月的创业，您有什么收获？"

沉思了一下的M郭说："失败就是我的最大收获！虽不成功，但我尝试了，我经历了，我做了我想做的事情。这对我今后与老板相处会大有帮助，因为我亲自体验了一下做老板的生活方式。"

景素奇："老板是什么生活方式？"

M郭："对未来充满着希望，却永远持续地付出！"

3

林峰职业的无情轮回

有关创业数据统计：发达国家每年都有上百万家新企业诞生，35%的新企业在当年就失败了，活过5年的只有30%，生存10年的仅为10%。导致创业失败的原因前三位分别是市场（27%）、管理（24%）和技术（12%）。

中国创业数据统计：中国创业企业的失败率高达70%以上，而大学生创业成功率只有2%～3%。70%的企业活不过一年，平均企业寿命不足三年。

职业经理人创业情况：职业经理人创业一直是人们关注的话题之一，而且在媒体的推波助澜下日渐升温，可现实是职业经理人创业大多铩羽而归，折戟沉沙，丢了夫人又折兵。据调查，我国企业创业取得比较大的成功者大致有三类人，一是初中都没有毕业的打工都没有人要的人；二是走出大学校门不久就开始投身创业的，三是在执业过程中陡然发生了意外变故，失去了生存资源者。下面是一位营销老总创业失败的案例。

1967年出生的林峰（真实案例，林峰为化名）大本毕业后进入国家机关工作，四年后的1994年初，随着邓小平南巡讲话精神的春风吹拂，他辞职下海开始了第二份职业，进入X食品机械公司做销售代表，凭借着自己的勤奋和努力，取得了卓有成效的业绩，两年不到的时间便被公司提升为销售主管。在三年多的销售主管工作中，他进一步加深了对食品机械行业的认识，对国内和国际行业状态都有所了解，而且管理能力也日渐提升。他所带领的团队的业绩一直在公司中保持领先地位。于是，又被公司提升到销售部经理的位置，销售部在他的带领下，业绩持续攀升，随着公司业绩的增长，公司的规模和知名度日渐提升，而且在行业内逐渐有影响力，林峰本人也在业内渐渐有了名气。

职业生涯顺风顺水，稳居高层

林峰做了两年多的销售经理后，被业内一家排名稍微靠后的Y食品机械公司挖走，除薪水涨了百分之五十以外，头衔也变成了销售总监，其实工作是一样的，都是销售工作的负责人。

Y食品机械公司是一家国有企业转制购并而来的公司，基础不错，无论是资产规模、人员素质、工艺质量生产质量都很好，只不过在过去的体制下人员的积极性没有发挥出来，市场化程度比较低，尤其销售能力差，被民营企业老板购并后，急于打开市场销售的李老板经朋友介绍请来了林峰。林峰于2000年初上任销售总监工作，在老板的支持下，凭借自己多年的销售管理经验及对市场的洞悉和自己勤奋努力，当年便打开了局面，销售同比增长1倍以上，第二年业绩继续高速增长，Y食品机械公司不仅超越了X公司，而且跃居行业前三名的位置。林峰以业绩赢得了权威，在2001年年底的时候晋升为公司的副总经理，主管公司的产品研发、市场和销售，并提出了走出国门的构想。在他的努力下，昼夜奋战，终于于2002年年底产品实现了出口日本和南亚等，国内产品也呈现系列化、品牌化，出现了旺销局面。2003年初，Y公司已比2000年林峰初来时发展壮大了许多，资产规模增加了 5 倍以上，销售规模也增加了 20 倍以上。公司发展为集团公司。林峰成为该公司的副总裁，在行业内的声誉远远超过了老板李先生。行业内和企业内的人常说，没有林总，就没有 Y 公司的今天。

Y 公司经过 3 年的高速发展，进入 2003 年度后，市场环境发生了变化，产品转型有些滞后，加上企业的快速扩张导致内部的管理滞后，企业增长的速度放缓了。2003 年上半年，销售同比增长只有十多个百分点，增幅大幅度回落，老板李先生非常着急，有时急不择言，未免伤了其他人，包括大功臣林峰在内。

盘点职业生涯，欲作老板，开创大业

林峰受此待遇，气不过。于是，开始盘点自己和企业以及李老板，一个月的盘点下来不要紧，竟总结了李老板的八大"罪状"和自己受的八大委屈，首先是李老板太抠唆，企业销售额三年多来增长了快 20 倍，自己的收入才增长了两倍多，年薪才区区的三四十万元，比起企业每年近亿元的利润，感觉自己所得实在是太少了；其次是李老板承诺不兑现，2001 年就说过考虑经理人持股问题，到公司发展起来了，还没有见到踪影；第三，老板贪心太大，企业发展到今天已经相当不错了，还嫌发展速度慢；第四，老板犹豫不决，不能成大事，再继续做下去，企业没有发展前景，目前的企业业绩增长放缓主要是老板犹豫不决造成的。当然还有更多的老板不是。想到此，林峰萌生退意，于是在朋友圈中一经传开，很快，便有志同道合共举大事者。当然，林峰也考虑继续到其他公司执业，可是几个朋友一撺掇，就决定再也不给别人打工了，自己投资当老板。

做何大事？几位愿做事情的朋友经过几轮磋商，决定做烧烤机。为什么会做出这样的决定呢？首先是资金总量问题，几个朋友把所有能够投入的资金加起来也就 300 万元左右，若做 Y 公司同样的食品机械产品，虽然是最熟悉的行业，但没有三五千万的资金，根本摊子就铺不起，当然也考虑到竞业禁止。第二，随着人们生活的提高和中韩经贸往来的增加，烧烤店的烧烤生意还是比较红火的，于是烧烤机的需求量也比较大，当然，这与参与投资者中有一位是对饭店餐饮生意比较熟悉有关。第三，经过精细测算，投资生产烧烤机 300 万元是能够转动的。第四，生产烧烤机随与 Y 公司生产的食品机械产品不相同，但整个工艺流程大同小异，也是需要研发，设计生产，市场推广，销售，售后服务等环节流程。所不同的只是客户群体不一样，Y 公司的食品机械是食品加工生产企业，而烧烤机是餐饮烧烤店和部分其他客户。即使客户渠道不同，但都是 B2B 的销售模式。一切都策划设计好后，林峰先生便于 2003 年 9 月份辞职走人，尽管李老板一再挽留，但都无济于事，林峰去意已决。当然，辞职的理由是冠冕堂皇的，说是多年来的征战太累了，需要休息一下。

创业初期，雄心勃勃，按部就班

辞职后的林峰马不停蹄地筹备烧烤机的生产，租赁了厂房，成立了公司，资金也基本募集到位，按原计划希望赶到元旦前产品上市。于是招兵买马，一切按原计划向前推进，林峰由于出资额较多，而且是全职投入企业，自然出任法人代表，成了真正的大老板，准备雄心勃勃大干一场。

事前大家开了无数次诸葛亮会，商业计划书写得非常详尽和周密，几乎所有的主客观要素都考虑了进去，但等按计划推进就是了。原计划四个月回笼资金，逐步加大资金回流，等到2004年的9月份便可实现收入大于支出，2004年年底便可收回投资，开始实现净赢利。然而，事情并不像林峰想象的那么简单，在后来的产品设计生产过程中遇到了诸多难题，如由于对餐饮行业机械的不了解，许多餐饮机械行业的产品管理规则不太熟悉，走了许多弯路，耽误了许多时间。原计划申请环保专利产品，但专利的申报工作非常麻烦，迟迟批不下来，虽然到春节前把样机生产出来了，但环保专利、产品批号等等都批不下来，原计划年底回笼资金的愿望成了泡影。

事情如麻，隔行如隔山，问题如搬山难，创业受阻

林峰从来没有创过业，虽然此前对创业有心理准备，但一到真正的创业才体会到个中艰难。没有想到如此多的麻烦和大小琐事等着自己亲自处理，里里外外全都自己跑，尽管也招聘了不少人，包括一些旧部，但是事情太多了，太杂了，工商、税务、劳保、卫生、环保、市容、街道、消防等等一切衙门口都得应付，企业内部更是乱如麻，研发、设计、生产、管理、采购、市场推广筹备、销售人员的培训、厂房的改建、仓库的管理、行政事务、工资管理、员工之间的矛盾等等，各种矛盾交织在一起，错综复杂，自诩为管理很有章法的林峰遇到了创业期的公司也是焦头烂额。纵有三头六臂也难以应付，教科书上的那一套不管用，就连按原来在Y公司那一套行事作风也根本行不通。

春节过后，等到员工基本到位，大家开始投入工作时，已经是2月底3月初了，林峰等人加紧公关措施，跑产品专利、申请产品批号，等到这些批下来，具备合格的生产手续已经是2004年7月份了。期间新招来的部分员工，陆续离开了公司。自认为能够亲情管理、人本管理的林峰面临着许多员工的辞职甚至是不辞而别深感伤心，就连自己的旧部也有的萌生去意，令林峰伤透了心，好在那些投资的股东没有什么大的意见，因为他们都不参与企业的经营管理，所以多是鼓励支持的话。

新产品推出，新问题接踵而至

等到第一批产品300台生产出来已经是2004年9月份，林峰召开了隆重的新产品发布会，希望对内鼓舞士气，对外制造声势，利于市场推广，然而效果非常有限，几乎没有媒体跟踪支持，许多朋友和媒体当天只是来捧了个人场。接下来的市场销售更是不顺畅，由于是新产品，许多客户根本不认。原来对餐饮熟悉的那位朋友投资人尽管很卖力地从外围给予推荐，但许多他的朋友也都委婉地给予拒绝，最多只是答应可以留下来免费试用。由于销售不畅，销售人员情绪低落，队伍很不稳定，于是加大了第一批产品的提成力度。连续两三次的提高产品的销售提成，公司留下的收入还不够产品的制造成本，整个是赔本赚吆喝，但为了打开市场，只能是先赔本卖了。产品终于于10月下旬卖出去了一批，共12台，这是销售经理发现的客户，林峰亲自出面谈下来，是一家新投资创业的烧烤店，由于价格便宜所以对方接受了，但对方由于新创业，资金紧张，先支付了60%的款项，余下的开张后支付。

11月8号这家烧烤店开业当天，还请了销售部经理和林峰总经理去捧场品尝，然而第二天销售部经理就接到烧烤店老板的投诉，列举了烧烤机的四大问题，食客投诉比较多，影响了他们的生意，林峰赶紧派人去现场察看，有些机械故障可以维修，但有些根本是设计的问题，无法维修，确实不方便食客就餐使用，甚至影响到客人的安全等。虽然几经协调道歉，对方烧烤店仍不依不饶，最终是余款不要了事。这家烧烤店的事情是平息了，可库房里的那200多台是继续销还是不销，林峰犹豫不定，当然，新产品的设计改进仍在继续进行。

首次遭遇现金流紧张，阻碍企业正常生产

新的产品设计很快出来了，样机也打出来了，然而新的问题却出现了，资金短缺。原来筹集的300万元，此时基本用尽，预留的30万元预备金也都用完了，第一批赊欠的原材料钢板的钱还没有还。钢材经销公司的销售老总是林峰的朋友，林峰本想向他求救能否再赊欠一批，但面临年底，公司加大了追款力度，这位钢材公司的销售老总却找上门来要款了。林峰说了目前的处境，朋友说"你可要尽快还款，不然我的饭碗就不保了。"林峰本想开口要，即使开口也不可能再赊欠给他了，因为第一批早已过了最初的还款期，失信于朋友了。对于失信于朋友这件事情，林峰很难过，因为他最瞧不上说话不算话的人，尤其瞧不上承诺不兑现的老板。

现金流紧张，引发一系列内外问题

资金紧张接二连三地引发了一系列问题，首先是员工的工资发不出来了。林峰开始拖欠员工工资，不仅如此，原来答应的

销售人员跑外的通讯补助、交通补助也都不能兑现了，销售代表不仅领不到工资，自己还得贴交通费和通讯费用，甚至包括请客户吃饭的费用。有些机灵的销售人员开始请假不来上班了，销售经理做了不少工作也无济于事，然而销售经理也同样面临着领不到工资，报不了费用的局面。其他各岗工作人员全都面临着领不到工资的问题。

问题还远不只这些，按照协议，2005年上半年的房租需要支付了，这是一笔不小的数目，大概得16万左右，还有水电费等，还有必须交付的各行管部门的费用。临近年底，各行管部门有些关系需要打点，也需要费用。越是这时，企业内部的管理问题越多，几乎所有的规章制度都失效了，林峰如热锅上的蚂蚁，夜不安枕。

股东大会，继续投资，渡过年关再说

于是，林峰把其他几个股东叫到一块开会商量对策，最后决定按比例再投入一笔资金，共计50万元，这次林峰几乎把家底子全给掏出来，当然前提是征得了家人的同意。50万元真是杯水车薪，除了必须交的房租，日常水电及其他办公开支外，也就剩下30来万元。临近年关，林峰把拖欠员工的工资发了60%，打发员工过春节。三下五除二余下的也就十五六万元。那位钢材公司的老总朋友听说林峰有了钱，立即上门来要账，那位朋友软磨硬泡就是不走，最后林峰实在是没办法，给他开了一张两万多元的支票，其实这只是欠款20多万元的零头。林峰第一次尝到了被追账的滋味。自己也知道他的这位朋友要不到钱肯定回去挨批。

林峰非常清楚，剩下的 10 多万元过春节后不要说开展生产，就连维持日常的公司运营都支持不了一个多月，所以春节期间又召集几位股东商量对策，其中有两位股东明确表示不能再继续投资了，也投不起了。林峰清楚自己也投不起了，只有融资这条路了。于是大家商量了一个大致的融资办法，分头找融资商。

林峰过了一个有生以来非常郁闷的春节，也是最穷酸的一个春节，受了家人不少挤兑。

千方百计融资失败，压缩开支，苦苦支撑

春节过后，正常报到上班的员工不到一半，林峰也想动员员工，出点资金，算股份也行，算借债还息也行，私下与几位核心骨干沟通，明确表示不行的就有好几位，说考虑考虑或回家商量商量的也有几位。其实，林峰清楚这条道行不通了。过了两个礼拜后，员工陆续不来的有好几位，销售人员尽管还有几位，但根本不卖产品，就是随便打打电话而已。等到三月初，员工陆续都到新的单位就职去了，只有财务两位人员，办公室的一位和两位看门的库管员，其他两三位核心人员也都是三天打鱼两天晒网，有时干脆打电话说，这两天家里有点事情，有事打我手机。

林峰尽量压缩开支，余下的看摊的人也都先发一个基本生活费。整天四处跑着或打电话融资。另外的三个股东，其中有两个接接电话外，基本也不到公司来看了。另外一名股东还张罗着介绍朋友融资，但谈了很多，除了吃饭花了不少钱外，几乎没有任何成效，眼看着手中的现金一天天在减少，干着急没有任何办法。期间林总也尝试着能否代销点自己熟悉的产品，度度难关，但余下的现金不足以支撑他做经销代理。

变卖公司失败，公司只得破产

在融资没什么希望的情况下，他和几位股东通了电话，商量一下干脆把公司卖掉算了，但在价钱问题上意见不一，有的表示至少得卖500万，有的希望把投进去的钱收回就行，也有的主张收回一部分即可。林峰的意见是收回一部分，比如200万元，可以做点其他业务，比如做一名产品经销代理等。然而，等到真卖的时候就不那么容易了。

最初有人有意向150万全盘接收，不负担债务，但几位股东商量几个来回没有取得一致意见，等过一星期，买主不干了。过了两个星期，几位股东都知道不是那么好卖的，而且面临着新的债务的不断生成，最后干脆委托给林峰全权处理，卖多少都行。然而真正下决心处理的时候反而遇到了问题找不到买家了。在朋友圈中卖，在网上卖，也有人打听的，但价码非常低，比如出20万，出10万的，真正一谈，又都变卦了，最后林峰给几位股东通了电话，开了一个散伙会。大家决定把公司破产了，不再参加年检了，让林峰随便处理，大家也不分钱了，处理多少是多少吧。

最后林峰把财务人员办公室人员和两个库管人员召集在一起一开会，决定解散公司，让财务处理账务，让其他人联系收破烂的处理办公用品和库房里的200多台烧烤机等，最后处理下来大概得到了近两万来元钱，清理完水电费和日常的办公事务费用，给最后几位员工发了点工钱，大家吃了顿散伙饭，开始回家过2005年度的五一劳动节了。

重新执业销售总监

五一节过后,林峰又到一家公司继续做他的销售总监去了,年薪30万,月基本薪金15000元。当他重新坐回一家颇具规模的机械产品公司销售总监办公室的老板椅子上时,回想起前后共做了18个月的老板,恍若一夜,又恍如隔世。

林峰又一次盘点自己的职业生涯,此次创业,把前半辈子的积蓄,包括全家的积蓄基本上都用尽了,不得不从零开始继续打工赚钱,养家户口。庆幸的是爱人不太计较,所以,家庭还没有什么大的风波。

第四章 穷熬创业期

创业一旦启动,体验到的首先不是创业前所想象的荣光、鲜花、财富,而是无边无尽的熬人。"熬"是创业期的一大特征,主要熬两件事,一是熬生意,二是熬人事。生意难熬,"人事"更难熬。总之,创业期就是熬,而且是穷熬。

创业就是先忽悠自己，然后再忽悠别人；融资就是创业团队一起忽悠投资人；上市就是全体组织成员一起忽悠公众。忽悠也分被忽悠和自忽悠。

我在做猎头接触的职场人创业的故事中，有些是受别人忽悠，跳入了创业陷阱，但也有不少人则是自己忽悠自己。尤其职场中的年轻人，眼前的单位也不错，而自己心仪做一件事情，比如梦想创业，陡然有一好机会降临——有机会做一个知名品牌代理，加盟某某直销团队，一笔不错的中介生意，自己闷头想了一个人类还从来没有过的好的商业模式，或自我感觉遇到了人类还从来没有的绝佳商机，哈哈，千载难逢的机会不容错过，自己兴奋得一晚上睡不着觉，第二天突然向单位打了辞职报告，神神秘秘地开始了自己的创业。大家都不明白你要干什么，都以为你疯了，这纯粹是自己忽悠了自己一把。放弃很快就要到手的奖金和红包而不要，懵懵然投入到自己想象的伟大的创业当中。

你如果这样做，一定是没有创过业者的一时头脑发热，因为对创业根本没有概念，这样的创业绝对是要失败的，因为无论你发现了多么好的绝密的商机，其实，这个商机在世界上一定有成百上千的人早已尝试过千万遍了，只是你不知道罢了。所以，建议未创过业者，无论遇到多么好的商机，哪怕是万载难逢，天上掉下的金元宝，都要冷静下来，踏踏实实干到年底，拿到红包后再说。

有一个成语叫毅然决然，形容自己决心已下，不顾后果地去干一件事，谁都拦不住。用现在的流行语叫自己忽悠自己。你自己忽悠过自己吗？你因为什么要忽悠自己？

当然，有人会举例说，许多伟大的成功者都是毅然决然地投身战斗，或者说自己忽悠过自己，是偏执狂，是一种精神，但是你怎么知道成功者是靠这种偏执狂的精神成功的？这种说法是成功者自己总结的，还是别人替他总结的？不可信，不能信，也不是事实的全部，误导人。成功是小概率事件，要成功需要很多必然和偶然的因素，仅仅有这种精神是不够的，需要更多的知道和不知道的事情。人都渴望创业成功，但创业成功是复杂而漫长的长征，需要持之以恒，不仅要有精神准备，还要有更多精神以外的准备，如果精神以外没有准备，仅靠心血来潮的激情和冲动投入到创业当中，反而妨碍自己的成功。因为没有精神以外的准备，这种精神就是疯狂，就是自己在忽悠自己，最后距离成功越来越远。

我在《猎眼看人——从打工者到老板的三级跳》的序言中写道：很多人一生都在艰苦卓绝地奋斗，坚忍不拔地拼搏，辛苦而劳碌地向着失败的方向奔跑，用心血和汗水铺就了一条失败之路。创业这条道路上，挤满了很多不适合创业的人，他们依然和其他创业者一样，艰苦卓绝地拼搏，用心血和汗水铺就失败的道路。

有一位在行业内可谓是顶级的职业经理人，2011年辞职准备创业时，我怎么劝都劝不住，一年后打电话找我，死活不创业了。这时我又劝他继续创下去，坚持五六年后，已经小有成绩了。因为他已经自忽悠走上了创业的道路，即使不合适，坚持得时间久了，也许失败走到尽头就是成功。

其实，很多创业者，都是被忽悠或自忽悠走上了创业这条道的，一旦上了创业这条道，等待你的首先不是原来梦想的财富、鲜花、荣誉、掌声，而是令人难熬的无边无尽的创业期。

创业期是非常熬人的，或者说，熬是创业期的一大特征。创业期主要熬两件事，一是熬生意，二是熬"人事"。我们先说做生意赚钱方面的熬，然后再说人方面的熬。

1 熬生意

创业期有长有短，完全因行业因人而异，没有固定的期限。但创业期的老板都被一个问题纠结着，创业该不该为钱？

创业究竟是为钱还是不为钱

许多经理人谋划着创业，甚至一边打工，一边实施自己的创业计划，有更多的职业经理人筹划着一展虎威，放胆启动创业。

经理人创业，能有老板、风投支持，是非常幸运的，但这种幸运之事对大多数人来讲是小概率事件（没有风投支持的原因是你就不入圈，谁支持你），大多数创业者既没有原来老板的支持，也没有风险投资的眷顾，更没有达官贵人级的老爸、老岳父的靠山资源，只能是把自己做经理人打工积攒下的血汗钱作为本钱来开创事业。这种创业几乎是白手起家，我把它称之为裸体创业。

创业该不该为钱？

职业经理人创业初衷有三类，一为赚钱；二不为赚钱，只是为了实现自己的想法；三是过把瘾，成则高兴，不成则了却一桩心愿。如果纯粹为钱创业，可能赚到钱，但走不长；如果不为钱创业，那肯定创不成；如果纯粹是抱着过把瘾的想法创业，则几乎没有成的希望。准确地说，创业为钱，同时又不为钱。这就需要把握好二者的分寸。如果不明白什么情况下为钱、什么情况下不为钱，也创不成。那么什么情况下为钱呢？做职业经理人可以不为钱背叛自己，可以不为五斗米折腰，可以不用说软话，但是作为创业老板不行，尤其创业初期，就得为钱，因为创业为钱不是为自己，而是为了新诞生的企业组织，你可以不为自己要钱，但你必须为组织的生存而追求钱。你可以在日常的朋友交往中三千五千不在乎，三万两万无所谓，但为了企业的生存你必须斤斤计较，分分毛毛地在意，因为企业赚钱也必须经历由赚小到赚大的过程。小的都赚不来，大的也不可能。就像一个人只能是一天天地长大。你可以不为自己弯腰求人，但为了企业的生存必须弯腰求人，说软话。所以，创业阶段，你可以不为自己赚钱和省钱，但必须为企业赚钱和省钱。

当企业做到一定规模的时候，或者说当企业赢利的时候，做企业就不能只为赚钱，那时你会明白做企业其实是在承担社会责任，首先是为社会提供一种服务，在此基础上派生出的是安排就业，上缴税收，捐赠社会。个人的需求同这些相比就太有限了。所以，做企业纯粹从个人求钱来说，实在没有多大意义。创业初期是自己吃苦受累、省吃俭用，大把大把地把钱投入到企业生存和发展中；创业成功后则基本是为社会做贡献。因此，创业求钱是为了企业，不求钱则是对自己来讲的。如果搞反了，就创不成业了。即使创成了，纯粹为了个人私利赚钱，也很可能伴随风险。

经理人在创业前应该明白，每个人来到这个社会，都离不开财富，只不过有人是创造财富的，有人是享受财富的，有人是使用财富的，有人是拥有财富的，有人是欣赏财富的。做老板就必须定位在创造财富，为他人、为社会创造财富。做经理人则是使用财富的。

切莫"入错行"

老板刚开始创业选行，因为不是生意人，在选行上难免纠结，总在纠结是否入对了行。

俗话讲，男怕入错行，女怕嫁错郎。同样，创业最怕入错行。选对了行，创业不一定成功，但选错了行，一定不成功。选行要依据自己的实际情况来定，但对于大多数职场人，一没有资金，二没有资源，裸体创业，就必须慎重选行。选行的标准应该是选择新兴的寿命长的行业，换句话说应该是涨潮的行业，当行业处于涨潮的过程中，市场份额持续扩大，掩盖了你创业能力不足以及诸多问题，潮涨助推着你一步一步地前进。如果选择了一个落潮的行业，也就是衰退期的行业，你纵有天大的本事，也挡不了行业的落潮，即使行业的领袖企业，在落潮的过程中，也是一边抵抗，一边撤退。整个行业在萎缩，危巢之下焉有完卵，初创的新生企业，更是不堪一击，即使很有实力也抵挡不了退潮之势。对于普通的裸体创业者，选择了落潮行业，只有一种结局：不仅赚不到钱，连本钱也赔了。也有行业既不涨潮也不落潮，一直成熟稳定，比如餐饮业，虽然成熟，但永远不会衰退，对裸体创业者来说，选择这样的行业，需要锤炼的功夫很多，包括时间的磨炼。选行业体现着创业者的战略眼光，能否发现新的涨潮行业，并依据自身的实际情况，选择恰当的进入时机。有些行业政策性非常强，发财容易，破产更容易，而对裸体创业者来说，政策性强的行业发财不易，破产则是随时的事情。因为政策性强的行业，需要很强的政策资源。

模仿并不丢人，模仿中寻求创新

创业者总想搞个新玩意儿，别人都没干过的，独一无二，其实干上了才发现，市场中早有人尝试过千万遍了，而且刚一干，就遭遇重重困难，继续还是另觅新业？好纠结。依我看，创业初期还是先模仿，然后再创新。

有一个经理人朋友辞职去做家用油烟机代理，几年下来积累了有200万资金，应该说收获不错。2000年前后，他发现了一种新型的抽烟机——直排式抽烟机，优点是炒菜无烟、无味、无污染。欣喜过望，不做代理了，全部家当投入到这种新型油烟机的研发、生产和销售之中，十多年下来，申请了国家专利足有四五十种，政府也有支持，但企业规模不仅没有做起来，而且始终处在生存前状态。后来，知名的家用电器生产商陆续有这类环保型抽烟机投放市场，无论是产品的外观设计、质量、价格、服务都比他的企业产品有很大的竞争优势。十多年辛苦、拼搏、创新，换来的是人过中年，满头白发，穷困潦倒，债台高筑，且家庭破裂，夫人离去，孩子教育成长均受到影响，因长期处于高度紧张状态，开车精力不集中，闯入别人的婚礼车队中，撞死撞伤多人，因此进了监狱。出狱后，继续这项创业，最终在48岁的时候，身患多种疾病而死，结束了依靠创新来创业的一生，我为此还发了一条微博，引来了几家国内外的媒体要采访，我谢绝了，让这位创新创业者安息吧。

经理人创业的时候大多喜欢创新，喜欢干市场没有的产品，设计新的商业模式，这大错而特错。创业期若完全创新，尤其是新产品、新模式，一般情况下是不可能成功的，除非有雄厚的资金和风投源源不断的支持。创业要注重创新和模仿相结合，完全模仿有可能成功，但全盘创新一定是死亡，是绝对不能做的。要把创新的事情交给行业领袖企业。

创业首先是模仿，你可以不创新，可以照着行业已经成功的企业去模仿，尤其是按照行业的领袖企业去模仿。商业模式绝对不是设计出来的，更不是读了两本MBA的书，上了几节营销课就知道的。商业模式是试错试出来的。任何一个成熟的商业模式都是千百万人、千万亿次试错后才探索出的可行之道，是大量的资金甚至是全社会的资金以及资源和智慧拓展出来的一条荆棘之路。回首任何一种成功的商业模式，探索的道路都崎岖不平，歪歪斜斜，把当时条件下所有的可能性几乎穷尽了，把所有人的奇思妙想都尝试过了，最后才探索出一条看似简单，而实际上是合情合理的明白之路，人们会感叹"早知如此！"其实不可能早知道，任何聪明的个人都不可能一人完成商业模式的探索发现，一定是千千万万的人集体智慧的结晶，就像互联网领域的商业模式探索，那是世纪之交全人类的一次集体探索，是全社会风险资本的一次集体疯狂，很难有人测算出此次探索全人类究竟投入了多少资金、时间、人力、智慧。没有这样的一次集体疯狂，恐怕也没有互联网的今天，如果有人说他一开始就明白互联网商业模式该如何如何，那他一定是在厚着脸皮、恬不知耻地吹牛。所以任何成功商业模式的探索之路都写满了无数勤奋者的异常艰辛、坚忍不拔者失败的痛苦以及聪明且富有智慧之人的苦闷和彷徨。

模仿并不是全盘照搬照抄。模仿一定要结合实际情况灵活应变。国际上成熟的商业模式，根据中国的国情、民情、风情、人情等具体实际情况做具体的变化，大城市的已经成熟的商业模式，移植到中小城市、乡村都要因地制宜，不然就叫刻舟求剑了。有些人创业时往往又走入这样一个极端，不顾具体实际情况，完全照搬照抄，当然是必死无疑。就是最简单的麦当劳、肯德基的快餐服务，在一线城市、二线城市、三线城市的同一种汉堡其价格也是不一样的。猎头服务，是从美国拷贝过来的，但美国的服务模式、收费模式和中国就很不一样。因为中国有中国的国情，这也是经过无数次的移植性落地探索形成的，同在中国，一线城市和二三线城市也有较大的不同。

模仿并不排斥创新。先有模仿的基础，在模仿的基础上，因地制宜，才能活下来，活下来后，再根据实际情况的发展变化，逐步地、尝试性创新，有时一个小小的创新就会有新天地，就会有意想不到的惊喜和收获。创新一定伴随着风险。作为裸体创业者，把企业从小做大的过程中，创新必须循序渐进，先试验、试点，把试验和试点控制在自己企业能够承受的范围之内。换句话说，你的实验性创新，如果失败了绝不能对企业伤筋动骨。所以，经理人裸体创业，商业模式或产品的选择一定是先仿照着行业内前两位模仿学习，当模仿到一定程度后，有了各方面的积累，再根据实际情况尝试性创新。

突破创新超越领袖企业。裸体创业者由于是模仿，成本就比行业领导者低，就有可能积累资本，当积累到一定程度后，通过尝试性创新，积累更雄厚的资本；当资本积累到一定的规模，具备了和行业领导者抗衡的时候，就可以尝试突破性创新，通过突破性创新，自己变成行业新的领跑者。而一旦成为行业的领跑者就必须不断创新，不然会很快被追随者超过。领跑者是很累的，因为领跑者要付出领跑成本。

很多经理人创业前往往说，我这些都是全新的，市场上绝对没有，超级好。如果是这样，我劝你还是不要放市场上试了，一试肯定完了。你这样做只是又一次努力地向着失败的方向奔跑而已。因为你是裸体创业者，没有试错的资本。

在模仿与创新相伴的创业过程中，是一个艰苦难熬的过程，像前面提到的那位做直排式抽烟机的先生，创业生生熬死了，如果他能模仿与创新相结合来创业，虽然也熬人，结局也许会好些。

节省每一个铜板

创业初期花钱方面，更得熬，把一个铜板掰成几瓣花，要一当十来花，要学会节省每一个铜板。因为在没有赚到大钱之前，就必须熬得住不赚钱的日子。

经理人裸体创业，仅有那点血汗钱，是禁不住折腾的。很多经理人在过往的职业生涯中，往往嘲笑老板们抠抠唆唆小气的做法，于是等到自己创业时，乃高举高打，大手大脚，什么都追求最好、气魄、高品质，人才高消费，开高工资等。结果是从辉煌开张到凄凉收场，中间大多都不超过 20 个月。

创业，为什么熬不过 20 个月？

为什么经理人创业大多都逃不过 20 个月关门歇业的宿命呢？创业者其实提前酝酿了很长时间，过了春节，二三月份租房子、注册公司开始运作，雄心万丈，大刀阔斧，大把花钱，按商业计划书推进自己的创业计划。很快大半年过去了，钱是按计划花得差不多了，但实际事情却未能推进多少。等到一年快过完了，创业后的第一个春节临近，事情还没有个头绪，于是开始节省着花钱，无论是个人和公司都过了个紧巴巴的春节。春节过后钱开始吃紧，于是把家里的钱往公司拿，家里的那点钱居家过日子没问题，过个三五年也许还有富余，但往公司的窟窿里填仨俩月就不见影了，于是家里钱花得不能再花了。五一劳动节过后，开始向亲戚朋友借钱，借亲戚朋友的钱过了两三个月，就快到八九月份了，再也借不来钱了，公司苟延残喘，距离正现金流还遥遥无期，赢利更甭指望了，于是开始拖欠员工工资，拖欠房屋水电费用，拖欠提供服务商户的钱，总之是一个欠字，前几个月拆东墙补西墙的做法，现在也无东墙可拆了，西墙当然也无法补了。怎么办，催债的一个个逼上门来，员工或气愤或失望地离开了，房东要封你的门，没办法，这种日子最多也就凑合两个月，只得关张歇业。这时已经是第二年的 10 月份了，距离正式启动创业大概也就 20 个月上下。创业者在不甘心的无奈之中，凄凉撤退，收拾残局，休息两个月后已经是又一年的新春了，于是开始找工作，接着做职业经理人。

一位老总听了我的观点，干了一年决定停止创业，他说创业预备的资金花完了，还没有任何希望，不愿把为孩子准备出国读书的钱投到创业中来，更不希望走到借朋友钱、欠一屁股债的地步。

尽量用非现金资本开拓市场

所以，经理人创业，如果没有风投资金，没有大老板、大平台支持，纯粹是自己挣的那点血汗钱裸体创业，就应该注意节省每一个铜板，要知道创业初期，花1元钱，等于至少要挣10元钱，花1元钱容易，挣10元钱可就难上加难。创业初期，准备创业的资金一定省着花，要有花小钱办大事的思想意识和能力，更要有不花钱也办事的能力，甚至还要有通过挣钱来办事的智慧，不过这要有策划、用巧劲，要借力，把过去做职业经理人积累的情感资源转化为创业资本，尽量少花现金，把节省下来的现金用在你绝对想象不到的未来的困难当中去。用节省下来的现金支持你度过创业的严冬。创业是个量变到质变的过程，其中时间的积累也是量变的一个重要因素。

尽量预支期货代替现金开支

在时间的量变过程中，现金是不能断流的，一旦现金流断了，又不能很快接续上，人气就散了。一般的员工不会忍受公司欠他3个月工资的，所以，现金流一断，拖欠员工两个月以上工资，基本上也就等于公司该关张了，因为人气已经歇息了，再聚人气何其难也。因此，在创业过程中宁可刚开始手紧点，大家都工资低些，节省每一个铜板，大家一起熬严冬，等熬过严冬，春暖花开之时，再逐步提升每个人的薪酬待遇，千万不要一开张就春暖花开，喜气洋洋，你好我好大家好，工资发得高高的，福利大大地好，这样的话很快公司就该歇业收场了。有人会问，工资低如何才能聚集人气？那就看你老板用什么诉求的员工了，是否敢于承诺了,是否敢于用未来激励大家一同创业、用期货换现货了。

用什么鼓励创业团队成员呢?我把一位创成大业的老板凝聚核心团队成员的秘诀分享给各位创业者:"我们经营的是未来,分的是理想,享受的是过程!"怎么样?经典吧,这就是创业团队中领袖人物的魅力。不然的话,没有未来、缺乏理想,谁跟随你享受艰苦曲折的创业过程呢?所以我常说,创业者要想创大业,或者说能否创成大业,关键看这位创业者是否是一位商业英雄,即是否有英雄之志,英雄之事,英雄之魄,英雄之魂。如果这位创业者总惦记着参政议政,做什么高深学问,那他就不是商业英雄,当然也很难创成大商业。

集全力于一点突破

创业期最难熬的是生意没有突破,处于半死不活状态,甚至根本没有生意,所以,在生意突破前是最难熬的日子,一定要咬紧牙关熬到突破。如何才能尽快突破呢?答案是集全力于一点,突破。集中全部的时间和精力干一件事情,全部指向你要创业的事情。而且还要选择一个点上突破,即使服务一个客户,也要把一个客户服务好。

经理人创业初期为什么会陷入瞎忙状态?

经理人创业初期不由自主地陷入瞎忙状态,共分为四忙。第一,忙机会。经理人创业初期会是这样的,昨天一个朋友忽悠你一把,今天又认识一个有资源的人诱惑你一次,明天老同学、老战友又要约你谈新的项目,太多的诱惑,数不尽的机会,搞得你精力分散,东一斧子西一锤,天天谈项目,甚至是应酬,因为都是熟人不好驳面子,只好接触谈谈,时间都耗在谈商业机会上。你惊喜，怎么这么多商业机会？过去怎么没发现呢？第二，忙小钱。今天有一高校请你讲一堂课，明天的安排是上午当评委，下午做一节目，晚上朋友有个新项目想请你做咨询，抽空还得接受记者采访一下，你疲于应付，心想行程怎么安排得这么满？第三，忙朋友。上周，一位熟悉的朋友刚请你聚聚，很快本周朋友的朋友借朋友的面子又要请你喝茶，同学的同学要请你吃饭，战友的战友约你聚会打球，你有邀必应，因为面子过不去，你寻思，过去不这么频繁走动，怎么现在都亲密往来了呢？第四，忙亲戚的正事。甲亲戚求你帮忙解决孩子入托问题，乙亲戚求你帮老人找个医院看病，丙亲戚的亲戚孩子要上大学，丁亲戚的八竿子打不着的亲戚孩子大学毕业求你找个工作。你纳闷，过去也没有这么多事，怎么陡然之间这么多事？

　　以上四忙把你忙死了，忙得不亦乐乎。你不知道为什么这么忙？其实，很简单，因为你刚创业，还没有忙到正点上，周围知道你的人都认为你还没有正事呢，甚至认为你闲着呢，所以，都把他自己的正事找你帮忙办了。如果你没有认识到这一点，你碍于情面，或禁不住诱惑，你会陷入越帮越忙的怪圈，进入越禁不住诱惑诱惑就会越多的循环。

　　正因为你越帮越忙，诱惑越来越多，自己在帮忙之中，在持续出现的诱惑之中，脑海中的新主意、新想法层出不穷，你会越来越浮躁，自己卯时一想法，辰时又有一主意。任何一种想法和主意都没有深入系统思考，更没有机会去付诸行动，所以，你不仅行为忙，脑子也忙，没有冷静思考的时间。当然，原定的创业计划必然是迟迟不见希望，于是自己更加急于突围，主动寻找商机，上赶着找诱惑，求人被忽悠，结果是东干一下，西搞一下，甚至同时运作两三件事情。很快大半年过去了，干了四五件事情，哪一件事情都是半半拉拉。时间流走的同时，资金耗损了，资源耗尽了，人情耗没了，人品德行也快耗臭了。因为，认识你的人会认为你没有正差，没有正经的营生，所以大家对你负面的议论也就日渐其多，谁还助你？渐渐你将从原来的英雄经理人变成了人们可怜、同情，甚至是远离的对象。试想，这样的创业如何才能成功？这是创业初期遭遇到的煎熬。

瞎忙的创业绝对不可能成功，怎么办？只有一种办法，就是集中全部的时间和精力干一件事情，用一万种方法去尝试做一种事情，必须这样做。你所有工作的指向，无论是曲的还是直的，实的还是虚的，都必须指向你要创业的事情。千万不要犹豫徘徊，东拉西扯。用心专一地创业，做一件事。而且还要选择一个点上突破，千万不要遍地开花，什么都做等于什么都没做。即使服务一个客户，也要把一个客户服务好，明显超越自己服务能力的事情，坚决不做。当你做了是负数的时候，就不如不做。创业初期，西瓜抱不动就不抱；顺手拿个苹果因为没地方放，就不要去拿苹果；踏踏实实弯腰捡芝麻，芝麻捡多了，价值等于苹果，更多时等于西瓜。随着企业经营管理能力的提升，你总有会放苹果的地方，抱得动西瓜的时候。

经理人裸体创业，资金、资源、精力、能力都有限，只能选择最容易也最值得突破的一点全力突破。突破一点就是质变的开始，不然四面出击，没有任何一点突破，那么你只能是在量变的范围内，不断地积累无效的量变，无效的量变永远不可能质变。到处打井，打了无数口井，没有一口井打出水，不仅白打，还有很大的破坏性。最后把自己耗死。创业者大多都是这样被耗死，当然也可以说累死的。所以，打井，只选一眼打，尽量选对，即使选错，也比胡乱打井要好。

记住，创业阶段，业务突破前的阶段，是最难熬的。一定要咬牙坚持住。

要票子，就不能在乎面子和架子

创业的过程，就是把面子逐渐撕掉、扔掉、忘掉的过程，要完成这个过程，对一个创业者来说，内心的煎熬可想而知，因为世界上谁不要面子？但创业是为了票子，必须丢掉面子，放下架子。

老板是世界上最不能要面子的一类人，因为要面子就没有票子。不是老板本人需要钱，而是所在的企业组织需要钱，老板个人可以省吃俭用，但企业组织需要的钱就大发了，绝对不是靠老板个人省吃俭用能够平衡的，逼得老板不得不放下所有的架子和面子去乞讨票子。

创业老板必须放下架子，丢掉面子，带领团队冲向票子。

经理人创业初期，不明白这个道理，往往架子很大，面子很重要，为什么会这样呢？因为经理人在企业组织里是"大官"，官就要摆架子，经理人往往都是大学毕业，知识型人才，所以要面子。无论是摆架子、要面子，在创业阶段都是致命伤。一些高级经理人创业，往往总是计划、计划、再计划，有了计划就安排下属去干，自己坐镇指挥，期盼着计划目标的实现，这几乎是缘木求鱼。试想，企业初创，产品不成熟、业务渠道没有，品牌没有，系统没有，管理没有，文化没有，什么都没有，如果老板都不去干，谁还去干？有些经理人喜欢招聘职业经理人来领着干，先不说能否招聘来，即使招聘来他也和你一样干不了，甚至一边干一边想着逃跑，根本不可能集全力和老板一起创业。

这不是经理人职业化程度的问题，而是他们的职业安全问题，所以，经理人裸体创大业，只能是自己冲在第一线，跑在最前面，不要指望任何人为你排除地雷，自己必须是工兵，且是最优秀的工兵；自己必须是最大的销售，不要指望任何人为你做销售垂范，只有当你挖出第一个地雷时，你才可以告诉其他人该如何挖；只有当你找到第一个客户，并把产品成功卖给客户时，你才可以教给大家如何卖给客户。

创业初期的老板必须带领狐疑的团队去打胜仗。

为什么老板必须冲在最前，带领团队前进呢？因为，创业初期的老板必须明白所有创业团队成员和员工的心理运动状态：大家都对未来持不确定性看法，其他股东也怀着同样的心理，包括你老板本人也是如此。既然企业的未来不确定，大家就不可能全力以赴、一心一意地干公司的事情，每个人都揣着小九九儿，也就是说每个人的心扉不是完全向成功的方向打开的，都在怀疑、观望，甚至悲观，所以创业团队成员的时间、精力、能力、资源不全是用在了企业的生存和发展上，更有甚者很多人不是创业的动力，反而是阻力——拿着老板开的工资，上网聊天、干私活，相互之间嘀嘀咕咕，负面思维，动摇军心，也很有可能正在为竞争对手干活呢！这都很正常，不要批评抱怨，应理解。就像官渡之战很多曹营之将提前给自己留后路一样，谁能说这些留后路的曹将们没有干间谍出卖曹操的事情？然而曹操却一把火烧掉了这些留后路者的信件，收买了人心。所以经理人创业初期，唯一的办法就是自己亲自带队打一个又一个大小胜仗给全员看看，树立全员的信心。其他人不能全力以赴，老板本人必须全力以赴，必须坚信成功无疑，必须把所有的指向都指向成功，这样才能带领团队成员杀出一条成功的血路来。

创业成功的大老板也不能要面子和架子。

有一次，我在北京大学的一个论坛上见到这样一个场景，印象深刻。一个互动论坛有5位嘉宾，论坛结束后，一位经理人身份的知名嘉宾，甩开人群，甩掉记者，径直奔向停车场自己那辆奔驰坐骑，秘书后面紧跟，很是威风，而其他四位老板嘉宾，其企业资产都是数十亿乃至百亿的，且更有名气，则全留在会场外面与听会的人员及记者诚恳地交换名片。这幕场景深深地印在我的脑海里，无论多大的老板，无论成功与否，都是不能要面子和架子的一族，因为，老板得为企业的发展要到更多的票子。因为，企业永远都在创业之中，创业如逆水行舟，稍微一松懈，就溃败下来了。

裸体创业的经理人务必谨记，既然选择了创业当老板这条路，就把架子扔进太平洋里吧，把面子揣进兜里吧，甚至忘掉面子，直取票子。摆着架子，戴着面子，票子是不可能有的。没有票子企业便无法存活和发展，因为你是挣钱纳税机构，而不是花钱享用机构。

这个过程，尽管难熬，但必须得熬。

让神经坚强得像个铁人

创业面临的压力是许多经理人创业前未预料到的，无论创业者设想了多少困难，都不可能有实际中的问题多而复杂。所以创业做老板必须练就坚强的神经，应对创业的压力。这个坚强神经的练就过程是日积月累的煎熬。

这主要体现在以下三个方面：第一是能吃苦，吃得苦中苦；

第二经得辱,这个辱不是一般人能忍受的,老板必须要忍,因为老板做事不单是为了自己,后面还有一个组织,为了组织的使命,得忍受更多的辱;第三要能忍,忍无可忍时再忍一下,忍了不一定成,但不忍一定不成。

所以,对于习惯于信托责任的经理人,也许你过去也苦过、辱过、忍过,但那个苦、辱、忍,相对于创业做老板来说,实在是小巫见大巫。前面提到过,一位有数百亿年收入规模的企业老板曾讲:"什么叫老板?老板就是妓女,谁叫随时都得到。"其实,妓女也有下班休假的时候,老板没有下班和休假的时候,老板的休假也是在工作。平常,职业经理人会认为老板很风光,很牛,很强势,自己一旦进入创业状态,往往找不到这种感觉,甚至生活质量极大地下降,带来了很大的心理落差,于是想放弃创业,摇摆不定,这会给完成创业带来很大的风险。其实,主要原因是经理人没有想明白,什么叫老板,为什么要做老板?做老板是干什么的?

什么叫老板?老板的板共有三层意思:第一,老板就是企业最后一块挡风的板,这个风,就是风险。第二,老板是企业组织里承受压力最大的一块板,处在所有板压之下。老板这块板承受不了压力了,企业就彻底被压垮了。这个压力来自企业内外,来自老板本人的内心和外部双重挤兑。第三,老板是社会最底层的一块板,我说过,创业老板的生活质量只比两种人高,一是残疾人,另一是囚犯,因为这两类人行动不方便,自由度小,前者是自身健康的约束,后者是社会管理工具的约束,所以,老板是社会最底层的一块板。前面已经讲过,老板是世界上最不能要面子的一类人,因为要面子就没有票子,不是老板本人需要钱，而是所在的组织需要钱。老板个人可以省吃俭用，但企业组织需要的钱就大发了，绝对不是靠老板个人省吃俭用能够平衡的，逼得老板不得不放下所有的架子和面子去乞讨票子。从这个角度来讲，创业初期老板的生活层面还不如乞丐和残疾人，因为乞丐和残疾人也是要面子的。所以，创业完成后，大企业老板之所以那么风光，是创业初期和背后太多的无奈、辛酸和苦累的对称性反射。

夫妇俩为什么创业3年收手不干了

2007年，我曾经与一位创业归来的金领老总做过交流，他创业3年，其中前两年是一边打工一边创业，希望用打工赚的钱补贴企业开支，最后一年是专职创业，没有什么盈利，倒也没有欠债，只是白干了3年。

为什么放弃创业呢？创业第三年快结束时，他与他的夫人（应该是外企中的高级白领，级别也达到了中国区总监级了）实在觉得创业没有任何意义，他们实在搞不明白创业究竟是图什么，于是决定不干了。

他说：没创业前，至少每年利用年假携带孩子夫人到国外旅游十天半月的，周末有双休，节假日可以做自己想做的事情，可以睡觉、运动、爬山、旅游、聚会等等。然而创业3年来，夫妻俩失去了这一切，几乎每天加班加点为客户提供服务，生怕服务不好得罪了客户，虽然赢得了客户的信赖，有不错服务收入，但一算总账，没有任何赢利：要交房租水电费，支付各种繁杂的办公费，发放员工工资，交各种社会保险，还有说不清道不明的税和费。这些都扣除了，年度一结算，能持平就不错了。

这还不算把自己的各种资源用上了，把自己的工资收入先期投进了。

这时他夫妇俩陡然想起了《项链》中的主人公马蒂尔德夫妇，两口子辛苦了10年，把欠债还了后，才知道自己当初借的项链是赝品，多么不值啊！两口子的付出还不仅仅如此，过去没有创业时，业余时间和孩子一起玩儿，享受着天伦之乐，创业这三年，生活节奏一下子打乱了，孩子也跟着变节奏了，性格脾气也变了，学习成绩下降了。最后两口子一咬牙，关门不干了。夫人继续做她的高级白领（本来就没有辞职，业余时间干），自己则回到高级职业经理人的队伍中来。他说，要算付出和收益比，三年创业的付出，每年应该值千万年薪，但三年却白白地付出了。他说就是有人给千万年薪他也不会这么干，何必呢？失去了本该正常拥有的一切生活。他说："我再创业下去，自己都该神经了，创业这三年这么不分昼夜、不辞劳苦地干，啥也得不到，还失去了太多太多，这不是神经病吗？图什么？"

上面这位经理人，创业三年，没有搞明白为什么要创业，所以神经承受不了，他的神经不够坚强，没有办法应对创业压力。因此，经理人创业做老板要想清楚了，为什么要创业？为钱吗？值不值？因此，在搞清楚创业目的的前提下，要有顽强的心智准备，练就坚强的神经，应对创业压力。这压力不是简单的盈利和亏损，不是琐碎繁杂的事务，也不只是5加2、白加黑的永无休止的劳碌，而是全方位的，是心理上的压力，甚至是超越物质和精神的双重压力。

创业者天天在想创业是在吃苦、受辱、一忍再忍，究竟图啥？如果这个问题没解决，创业很难成功。因为，内心还不够坚韧，还没有修炼升级享受创业的滋味。

向老东家学点什么吧

创业初期,要学习自己讨厌的东西,这个心理关如何熬过?是主动熬过,还是被动适应?熬不过这一关,创业很难有成。

经理人创业通常会出现一致命问题,就是老板缺位。也许你刚从职业经理人某岗位上离职,正十分讨厌老东家的某些做法,按自己固有的经理人思维习惯和行为来做事,但没有意识到,自己身份是老板,得按照老板的思维方式和习惯来做事。也许你所讨厌的老东家的东西,正是你应该学习的。你为什么讨厌老东家,因为他是老板,你是经理人,当你做了老板以后,还讨厌吗?

有些经理人创业快两年了,还存留许多经理人思维及行为方式,这样的创业几乎不可能成功。因为这个组织是有缺陷的,老板缺位,尽管自己是投资人,但自己不是老板,或者说是不合格的老板。没有老板,还不如国有企业的机制,试想怎么成功?一般情况下,初次创业者学会做老板,大概需要3年左右,如果自己比较固执,冥顽不化,可能需要更长的时间。其实很多经理人创业失败就是失败在没有完成从经理人到老板的蜕变,在创业的道路上磨蹭了好几年,就是没有学习如何做老板。大多经理人都是被动地完成了从经理人到老板的转变,如果能主动地学习做老板,尽快完成从经理人到老板的转变,也许创业的成本要低很多。

其实,很多经理人在创业初期,是排斥老板能力的,并且以自己经理人的经营管理能力自居。创业初期,企业管理不重要,甚或说经营能力也不重要,重要的是营销能力和做老板的基本能力。很多经理人创业,一上来就搞很多规章制度,条条框框,非把事情搞得明明白白,结果自己把自己搞死了。

有人说，什么才是合格的老板，其实很简单，理解了资本，也就理解了老板。老板只是资本的代表。马克思在《资本论》里把资本描写得淋漓尽致，可以去学习一下。当然，合格的老板并不是优秀的老板，而优秀的老板首先是合格的老板，合格的老板必须是站在资本的利益上来考虑问题，优秀的老板除了站在资本利益的角度考虑问题，还要结合人文和社会的利益来综合思考。这就是二者的差别。但作为经理人创业，后者可能有，但前者是空白，必须补课。不把这一课补上，创业永远无成功之日。这就是为什么拥有高学历的职业经理人纳闷，自己瞧不上的那些学历羞涩连话都讲不清楚的土老板却腰缠万贯，而自己连个P企业都创不出来。

所以，创业初期，要学习自己讨厌的东西，并习惯运用甚至是欣赏自己讨厌的东西，这个心理的煎熬是何其巨大！

用跑百米的速度去跑马拉松

世界上任何职业都有喘气的间歇，创业做老板不行，必须无休止地奔跑，必须要有打持久战的心智准备。创业不是百米赛跑，而是以百米赛跑的速度跑马拉松。比的不仅是速度，更是耐力和毅力。这个职业状态的转变过程，是需要一段时间的煎熬，一直把永不停息的奔跑熬成习惯，才适应了创业状态。

创业如同人的成长经历

创业就像一个人的成长经历，前三年是婴儿期，婴儿期的企业能干什么？除了被喂养以外，什么都干不了。很多人期望创业头一年就得赚多少钱，两年就得回本翻倍等，这在成熟的市场是不可能的，头三年对行业摸熟就不错了。婴儿期过后进入儿童期，企业继续发育成长，企业虽然有了一定免疫力，能有产出，但也会麻烦不断，需要精心照料，呵护成长。

儿童期过后，企业进入学龄期，开始上小学，学习市场知识，开始构建经营体系、管理体系、知识体系，逐步形成自己的商业模式和文化，形成自己的个性特色。

小学毕业了，进入中学期，开始快速发育成长，企业十三四岁迎来了青春萌动期，在逐步形成各类结构体系的基础上，快速发育成长，但这时企业的结构还不足以固化和强健，一边练习扩张，一边继续强身健体，为未来真正的扩张做准备。

等到青春期过后，中学毕业了，升入了大学，企业逐步走向成熟，企业20岁左右，真正独立发展，开始绽放自己独有的活力，向市场冲击，敢于迎接挑战，以自己成熟的商业模式、文化特色征战市场，但这时企业往往会犯青年人常犯的错误，在梦想的驱使下，过于大胆和狂放，犯些冲动性错误，不过这时的企业轻易不会倒掉，因为企业正处于体力、精力旺盛的时期，冲动性做事避免不了，得了病也会很快康复的。

当企业继续发展，到30岁时，正是最具魅力的时候，在市场上所向披靡，攻城略地，快速扩张，成为市场上的强势资源体，这时的企业只要禁得起诱惑，就能够真正冲击行业的全球领袖地位，如果禁不住诱惑，就有可能跳进美丽的陷阱。

忽悠、童话、梦想、理想、战略与创伟业

所以，当一个刚刚起步的创业者说未来三五年要做到行业

领袖企业时，那是幻想，是忽悠人的，包括忽悠自己；当5岁左右儿童期的企业创业者说，他要把企业做到行业领袖地位时，那是在讲美丽的童话；当10岁左右的企业创业者讲要把企业做到世界领袖企业时，他是在讲梦想；当十七八岁青春期的企业创业者讲他要把企业做到世界领袖企业时，他是在讲理想；当30岁左右企业的创业者讲他要把企业做到世界行业领袖时，他是在讲具体的战略，因为冲击世界行业领袖企业的战略行动正在按部就班地推进着。当然，现在的互联网电商行业也有例外的，但他们背后都有创投基金，他们之所以没有到20年就成了世界500强，那是因为他们背后的投资基金，以及基金的老板们本来就很牛，就是世界500强。而对于大多数草根创业者，只能是一步一步熬吧。

由此可以看出，我们这个时代的创业者们所谈的，大多都是幻想和美丽的童话。当然，并不是每个30岁左右的企业都具备冲击世界领袖企业的实力，有些企业尽管寿命很长，但根上就没有领袖企业的基因，那它也根本不可能冲击领袖企业。改革开放30年，不少企业曾轰动一时，然后灰飞烟灭，根本原因就是违背了企业的成长规律，让儿童期的企业，甚至是婴儿期的企业去干30岁左右成年期企业的事情，企业不死才怪呢。我常开玩笑说："许多创业老板总是想让二两重的小鸡下一公斤重的鸵鸟蛋"。这是老板暴力创业，小鸡下不了鸵鸟蛋，只能以死抗暴，所以，经理人创业，企业短命，呜呼哀哉！

创业就是永远奔跑

如果经理人创业伊始就做好了打持久战的准备，就准备爬雪山过草地，进行万里长征，没准真就创出宏伟大业。

作为创业者，还应该谨记，既然选择了创业这条道，就不要期望着休闲，做闲云野鹤，过田园牧歌般的生活，必须警醒自己，创业就是向前、向前、再向前，以跑百米的速度跑马拉松。不然就不叫创业了。什么时间想休闲一下，那就意味着你的事业开始倒退了，市场机会虽然很多，真正属于自己创宏伟大业的机会也就那么一两次。真正要创成大业者，不能允许自己失败，那种失败了从头再来，精神可嘉，但时间蹉跎了。历史上许多成就宏伟大业者，往往是在创业过程中，从不马虎大意，从不懈怠，可以经受挫折，但不允许自己失败。只要出发了，就向着远方奔跑。

做经理人，从有张有弛的工作和生活平衡的状态，到创业做老板必须适应无休止的奔跑，工作即是人生全部的行为习惯状态，要经受心理的转变和煎熬。

有人也许会说，我讲的这些都是传统的创业模式，早过时了。现在的创业模式，都是资本＋互联网共享模式，滴滴快车模式、共享单车模式等，瞬间已经完成行业整合，哪还有时间像你说的这种婴儿期、童年期、青年期、成年期等漫长的煎熬。这说的一点没错，是事实，这些共享经济的创业方式，其实真正的老板都是后面的大老板，是柳传志团队、马云团队、马化腾团队、马明哲团队等等千锤百炼的过大老板团队，资本是这些老板们以及他们所代表的机构源源不断的募集来的投资基金，商业模式是技术发展到一定程度后，全社会的商业精英人士共同思考探索出来，经过这些大老板投资团队，反复论证完善的商业模式。那么选择谁来操盘呢？要有如此商业模式思考的有创业梦想有激情的精英人士，同时还得与这些大老板们有直接的"关系"，至少说能进入他们的视野和战线上。否则，你也有梦想，你也有激情，你也有更成熟的商业模式思考，为什么你没有机会成为共享经济商业的操盘者呢？

新时代这些共享经济的盛宴中，没有机会被这些大老板们的投资选中（其实你就没有资格入选创业操盘团队），还想创业怎么办？还雄心万丈怎么办？就老老实实地按上述我讲的这个漫长的创业路程煎熬，把自己熬成老板。千万不要羡慕这些共享经济商业的代表滴滴、单车的创业者，他们是创业者，但他们不是真正的老板。他们的老板都是以跑百米速度跑马拉松跑过来的，且是胜出的最强者，是这个社会资源、资本的拥有者。作为普通草根的你，还是按一个老板应有的成长路径，经历煎熬吧。

你积累的"资源"，可能都是泡沫甚至带毒

创业，没有资源不行。但如果遇到的资源是泡沫，不仅无效，反会深受其害。而经理人阶段积累的资源，90%以上都是泡沫，甚至阻碍创业，毒害创业。

经理人说服自己创业的理由中，往往都有一条：自己的资源丰富。

有时经理人会标榜："××企业发展到今天，主要靠我自己的资源，要没有我这些资源，企业还不知道是个什么样……"还有些经理人平时会大讲特讲：我有什么什么关系，我有什么什么资源，自己要是单挑，任何一块云彩都会下点雨！总之，很多经理人在讲到自己的资源时都会眉飞色舞，仿佛公司只要登记注册，这些资源就会立即变成滚滚现金流，流进公司。甚至会说："凭我们多年的交情，我要开口，怎么也得给我这个

面子吧？没有多还没有少？"言语中带着肯定和自信。

事实却并非如此。

职场资源为何创业用不上

经理人掌握的所谓丰富资源，是自己在职场中日积月累起来的，而这些资源真正在自己创业时能够用得上的不足10%，90%以上的资源在创业时都会成为泡沫！也就是说经理人在职场上积累的资源到了创业时期很难用得上。

比如前面提到的那位50岁开始创业的执行总裁，我曾问过他："您作为这么高层面的老总，将近20年做领导管理岗位工作，肯定有广泛的人脉资源。您创业时怎么就没用上？"

他想了想说："朋友肯定不少，资源也肯定不少，可有些朋友即使想帮也帮不上。过去自己在一个大平台上，做老板的生意时，这些朋友倒帮过不少忙。真到了我来创业，这些朋友反倒帮不上忙，原因是有力使不上。自己的新公司，没有积淀，没有品牌，朋友爱莫能助。"

其实，这位老总遇到的问题带有普遍性。不是说过去的朋友不够哥儿们意思，而是实在帮不上。"有力使不上"，概括得非常恰当。打个比喻说，过去大家都在高速公路上开着好车跑，只是品牌不一样，大家可以一块赛车，一起玩儿。陡然间自己没有车了，手推个独轮车，你说和原来的朋友该怎么玩？规则就不允许，即便勉强也玩不到一块，瞎耽误功夫。

以上还只是自己在原有行业内创业，若离开原行业，过去几乎所有的资源都将报废。这就是从经理人到老板的人生轨迹大切换。

为什么会这样？因为一旦创业后，经理人会发现自己过去所说的那么多资源都是泡沫！根本不可能为己所用。这并不是自己过去的资源不存在了，而是自己主动离开了原来的资源地，离开了原来自己生存的空间和土壤，自己的角色进行了较大的切换。当然，过去的资源必然要跟着切换——不切换肯定是有问题的，至少是职业道德层面的问题。

所以创业前，朋友的海口姑且听之，哪怕是朋友拍着胸脯说："兄弟你大胆往前走，莫要回头，由我来支持你！"你也只能是说声感谢，千万别当真，不然，吃不了兜着走的是你自己。

为何创业反被资源所累所惑

其实，经理人阶段积累的资源，用不上倒是小事，关键是被许多泡沫资源所累。也就是说，想用的资源自己用不上，那些用不着的资源偏偏追上门找你。为什么会如此？很简单，经理人一旦创业，会立即有许多老朋友或朋友的朋友找你，而找你也许并不是想帮你创业，而是自己带着项目找你。因为你有自由身，这是最宝贵的，可以帮助朋友把资源变现。而这些追随而来的资源（事情），大多并不是你自己真正想做的，或者偏离了自己创业的主线。可这些资源就像瘟疫一样缠着你不放，这时如果你一心软，更多是禁不住朋友的鼓噪和诱惑，这些拥有资源的朋友会立即包围你，让你做这做那，你把很紧要的创业时间用在了帮朋友忙上，而自己真正要做的事情却日益迷失。

因此说，经理人创业初期不是没有资源，而是被外部资源所累。

另外一种情况是经理人创业时追逐泡沫资源。

经理人创业的最大特点就是爱写厚厚一沓商业计划书。当自己按照商业计划书按部就班创业时，才发现事情并非如此简单，会遇到一系列意想不到的困难的围追堵截，怎么办？只要和周围的朋友一接触，会立即发现新希望和突破点，于是就和朋友谈起了合作。

由于自己的经验不足，合作会立即变成股权融资谈判，谈了好长时间后搞不定，干脆把几位朋友拉到一起一碰，于是问题便立即产生。你会发现原来股权如此不禁分，结果大家把想要做的事情丢在一边，却展开了股权利益之争。争了半天，大家不欢而散，什么事情也没有干成，陡然发现时间已经过去了好几个月。

没有创过业的人可能不知道这是什么原因：因为企业初创，一切还都不定型，商业模式只是所谓的理论模型，当理论创业模型被现实磨切得无所适从，外面的任何一丝希望似乎都成了自己的救星。之所以大家会立即从做事变成了股权等利益纷争，是因为大家都不是老板，所以都猴急猴急地要当老板，以为有了股权就是老板，谁的股权大谁说话算数，因此开始股权纷争，争得面红耳赤，甚至拳脚相向。所以，创业初期搞股权纷争者，都是非老板干的事情。老板要的是赚钱，要的是有效资源的控制权，拼的是实力。所以经理人创业常被许多泡沫资源迷惑得晕头转向。

不良资源会给创业带来什么

有这样一位经理人，在创业进行到将近10个月时，资金链行将断裂。结果为寻求突围，被一位所谓的有丰富资源的朋友陷害,锒铛入狱;在拘留期间又有一位所谓的资源朋友为救他出来,吞掉了他所谓估值千万的公司。

客观上这是由于朋友资源过多、过杂,主观上是因为经理人初创事业,还没有摆脱过去经理人的思维和定位,过于相信某些生意场上的所谓朋友,结果在这物欲横流的社会里被朋友陷害。

为什么是这样呢?因为,创业经理人一旦身份角色发生了转变,而周围那些生意场的朋友资源就不像过去那样看你了。过去你是经理人,你脚下的舞台是老板的,那些所谓的资源朋友是不会惦记你的;一旦你创业当了老板,那些资源朋友就惦记上了,因为惦记的已不是你,而是你代表的公司。所以不怕贼偷就怕贼惦记,贼朋友一旦惦记上你,会令你防不胜防。因为你在明处,他们在暗处,甚至是伪装打扮,骗你上钩,逼你上钩。所以,作为老板不仅要对事敏感,还要对人敏感。一敏感就会疑神疑鬼,这就是人们常说的"老板总是不相信人"。其实,作为老板,敏感是必备的基本素质。这就像人体器官中,舌头是最敏感的,因此生命力最强。当牙齿都掉光了,舌头依然完好无损。

在这里补充说明的是,无论是陷创业经理人于囹圄的那位朋友,还是吞掉他公司的那位朋友,最后什么也没有得到。他们虽然得到了公司,但公司不盈利,上千万的估值都是泡沫,不仅一文不值,而且这两位朋友两个多月后还赔了数十万元,最后匆匆收场。经理人创业时往往自以为争到了偌大的一个公司,其实争来的都是债务,最起码是责任和义务,因为没有做过真正的老板,就很难知道什么是企业真正有价值的东西,什么才是老板最需要的东西。

经理人创业如何刺破资源泡沫

经理人创业，要想冲出资源泡沫的围堵，应做到以下八点。

第一，明白仅有资源是不够的。创业不要以为有了资源就有了一切，资源只是创业的要素之一。从某个角度来讲，没有资源比资源泛滥要好，因为没有资源不用付出过滤冗余资源的时间成本和费用成本。

第二，资源是有泡沫的。资源发挥效用都是有条件的。经理人所拥有的资源发挥效用是基于原来的组织系统平台。一旦步入创业，开始了新的创业平台，原来的资源发挥效用的平台条件就不复存在。这样资源在没有条件发挥效用的前提下都是泡沫。从经理人到创业切换度越高，原来资源的泡沫化程度越高。

第三，拒绝无效资源。经理人创业面临着那些找上门来的朋友资源，一定要分辨哪些是自己能够用得上的，用上的程度有多高，使用这些资源的附加条件是什么，这些条件自己能否承受，是否影响到自己的创业主线。千万不要为了朋友面子、不好意思而使用这些资源，接受这些资源的附件。

第四，遇到困难，坚守自己。创业难免遇到困难和挫折，当身处危地时，要保持冷静和独立思考，不要看见任何外部关联资源都要嫁接。有些资源的线头最多是看一看，甚至是视而不见，不要轻易抻出那根资源线头，以免轻易改变自己的创业走向。

第五，要保持高度敏感。不健康的资源有时往往披着美丽的外衣，挂着五彩的光环，要想不被那些不健康的资源所害，就要首先锻炼识别资源健康程度的能力；其次要抵制住不健康资源所带来的诱惑，因为大多不健康的资源都会给人营造出美丽的诱人前景，甚至是给一些小便宜让你品尝。所以要像舌头一样保持高度的敏感性,及时识别,发现苗头,及时刹车止损,不要犹豫。

第六,不要幻想多元发展。专精创业是中国创业家们面临的必修课。创业者往往因没有成型的业务模式,往任何一个方向上开拓都可以,因此就在有限的资源下外接两个资源,甚至开展多元经营,祈求东方不亮西方亮。那是不现实的,是异想天开。创业就要集中全部精力于一件事的一点上,专心致志,踏踏实实。千万不要开拓与业务无关或相关程度不高,甚或是对主业有辅助作用但分散有效资源的业务,千万不要搞多元创收。要把一种盈利模式做熟练、做精、做透、做强后,再去陆续扩展其他盈利点。

第七,不要沉湎于旧资源。开拓新资源的能力比拥有旧资源更重要。经理人创业往往容易沉湎于旧资源,而忽视新资源的开拓。作为经理人时代积累的资源大多都是过时的资源,如果创业用不上,就不要恋恋不舍,白白地耗费资源的管理费用。应该把精力用在开拓新资源上,尤其要重点培养组织开拓新资源的能力。只有有效开拓出新的有效资源,才能缩短创业时间,降低创业成本。所以经理人创业就是要利用和摈弃旧资源,千方百计开拓新资源,促进创业成功。

第八,要善借老东家的资源。经理人创业,往往和原来老板赌气——不相信就干不过原来的老板。抱着这样的心理,老东家给予的资源往往遭到经理人的拒绝,相信自己能独立打出一片天地来。其实,真正对创业有帮助的资源主要就是老东家。当然,老板给予的资源支持也是有条件的,世界上永远没有免费的午餐,只不过老板给的资源有效性强,更有针对性。经理人要真想创业成功,请接受前任老板的资源支持,经理人出来创业,能借的唯一资源就是原来老板的资源,别人不会借给你资源,只有你原来的老板才会给你资源。只有老板给你的资源具备持续商业价值，大家可以形成相对稳固的利益关系。

上面讲的都是有一定资源的经理人，如何看待和使用原来积累的资源问题，对于普通的人和刚走出校门的学生来说，本来就没有资源，只能是一步步地坚持熬下去，更不要迷信资源了。

有效创业的七个命门，你少哪一个

第一，千方百计获得老东家的支持。经理人创业最忌讳和老东家对着干，如果对着干失败是必然的，就像一个婴儿与一成年人为敌。处于婴儿期的创业老板，和已经是成年期的企业对着干，结果是不言而喻的。所以经理人要出来创业，最好借助原老板的资源，或者把原东家做客户，最次也要错位经营。

有人会立即举出蒙牛成功的例子。这个反例不成立，因为蒙牛团队是从伊利分化出来的，伊利是什么性质企业？是国企。国企是什么？不用说大家都明白。

切忌和老东家赌气而创业，失败的概率几乎是百分之百。如果成功，也会先付出失败的代价，白白地延长创业成功的时间。

第二，借风投扩展创业规模。风险投资的优势就是资金优势。因为风投的钱会源源不断，现金流不断，企业就死不了。资金断了你就死了，资金不断你就死不了，这是借风投的第一个好处；第二个好处是借风投可以帮助自己扩大创业规模，省得自己艰苦卓绝地蜗牛爬墙般地滚动发展；第三，借风投创业还有一好处，就是风投代表人会给你带来很多管理资源和信息资源以及经营资源，使创业步入快车道。

用风投得到了好处的同时，你也将面临风投给自己带来的苦恼：虽然风投并不一定占绝对大股份，但你不得不面对风投代表的经常性逼问。其实，一旦用了风投，就等于又开始了打工生涯，只不过是换了一种打工形式，过去你是为具体的老板打工，现在为风投背后的投资团队打工，你个人也是从过去成熟企业的经理人身份，变成了创业型经理人。这叫得失平衡。不过，要想获得风投青睐，必须进风投圈内，成为他们的人，或者你有实力被他们看上，仅有一个商业计划书，风投是看不上的，除非你是他们的哥们儿。不然，不会有人给你投，假若有风投投资你，庆幸的同时，请相信世界上没有免费的午餐，对赌协议可不是开玩笑的。

第三，练就宽广的胸怀包容一切。当老板很重要的要有胸怀，你得容忍很多事情，你再难受的事也得忍受。没有胸怀什么事情也干不成，尤其要能够容忍与你不同的人。不当老板可以不容人，当老板就得有胸怀容人。连老板都不能容忍的人，其他人就更不会容忍了。经理人实在忍受不了，可以辞职，老板辞不了职，所以只能忍，要忍就得有胸怀。

第四，习惯于爆发状态工作。创业当老板必须在爆发状态下工作。其他人可以把工作和生活区分开来，可以把工作当生活，但创业老板必须把工作当工作，把生活当工作，把一切都当成工作，一天24小时处在工作状态，而且是爆发状态，星期天不休息，习惯没日没夜的工作，这叫5加2，白加黑的工作方式，让老板恢复常态，反而不适应。其他人也有爆发工作的时候，但大多是常态工作方式。

第五，模仿与创新相结合。经理人创业的时候都喜欢干市场没有的，设计新的商业模式，这大错而特错。创业期要完全创新，尤其是新产品，新模式，一般情况下不可能成功。所以创新和模仿的关系要处理好，全创新是绝对不行的，创新一般都是行业领袖的事情。

第六，要有募集后续资金能力。大多经理人创业者最终都是断在资金链上。如果你的商业计划书写得非常完整、漂亮，你计划花 100 万就实现了正现金流，那么你至少把这 100 万花完以后，再能募来 900 万，募不来 900 万你很可能死掉。如果说，你有 1000 万，做一 100 万的创业计划书，那么 100 万花完后，有后续资金支持。那么我告诉你，对不起，你至少把你的 1000 万花完后，再募集 9000 万元，这就是创业时资金计划。也就是说另外的 9 倍资金不是原先就有的，而是应急时临时化缘来的。

第七，要有顽强的创业心智准备。经理人常态下做事不会亏自己的，但老板不行，首先必须做如下心智准备，第一是能吃苦，吃得苦中苦；第二经得辱，这个辱不是一般人能忍受的，老板必须要忍，因为老板做事不单是为了自己，后面还有一组织；第三，要能忍，忍无可忍时再忍一下才能成。老板没有下班和休假的时候。老板的休假也是在工作，所以老板的全部时间都是用来工作的。

2

熬"人事"

前面分析的都是创业期生意上的事，就是如何做业务、如何赚钱方面经受的煎熬，创业还有一个重要的问题，就是人。

首先是创业伙伴的选择，其次是创业期团队的招募与激励，如何防范创业团队散伙的问题，这些问题都非常伤脑筋。

与谁一起裸奔

创业真是件恼人的事情，一个人创业，优势是自主性强，需要协调的矛盾少，但能力、资源、智慧都非常有限，不利于创业成功。一个好汉三个帮，人越多力量越大、资源越多，智慧就越强，然而，人多利益纷争就越大，矛盾和冲突就越多，需要协调沟通的事情就越多。怎么办？就必须选择好创业伙伴。选择好创业伙伴，就等于创业准备工作做好了一半。裸体创业，创业伙伴自然都是"裸体"（否则就不叫裸创，再说，不裸的人也不会和裸者一起创业），那么选择和谁一起裸奔，决定着你能奔多远、能奔多久。

其实，太多的创业者创业没有成功，其主要原因就是创业伙伴选择不当。我作为猎头顾问，经常都会遇见创业失败归来的英雄，探讨失败原因时，其中有一半都会归因到创业伙伴的选择失误。大致归纳起来，创业伙伴分裂有以下三个阶段。第一阶段，企业连个屁还没有，就开始争利益，股份的大小，利益的多少，我吃亏了你占便宜了等等；第二阶段，企业刚有起色，就你争我夺的，把企业消灭在嫩芽之中；第三阶段，当企业开始赢利，红火成长时，开始闹纷争，打得你死我活，最后企业也灭亡了。大部分创业者失败都是败在创业伙伴之间的内讧。

那么，该如何选择创业伙伴呢？最基本的法则，也是第一条，就是选择最了解的人一同创业，大家都相互了解，长短都清楚，不会为相互了解磨合而花费太多的精力，也就是说最熟悉的人一起创业沟通成本低。第二条，选择不太计较的人一起创业。即使亲兄弟一起创业，有一方过分计较，也干不长。创业初期最需要的是模糊学，有个大概的框架原则即可，许多问题在创业推进过程中逐步消化解决。很多创业者奉行"明算账"的哲学，这对创业团队来说是最大的伤害。事情还没有办，大家就争得面红耳赤，争得谁也没有热情了。因此说，创业初期，有个大概的原则，随着公司的不断发展逐步细化和理清；碰见理不清的事情奉行不争的原则，在时间的岁月里逐步消化；如果碰见一位斤斤计较的人麻烦可就来了，天天为鸡毛蒜皮的事情争来吵去，非坏事不可。第三条，选择文化比较接近的人一起创业。有三个兄弟一起创业，老二去日本留学工作多年，留日工作期间就和哥哥弟弟一同创业，他负责从日本引进资源，老大、老三负责国内的市场经营，本来创得不错，老二回国后，不到一年时间，和兄弟们打了起来，把好端端的事业给闹散了；当然也有不少长期留学和工作于美国的人，和国内的中学同学、大学同学以及朋友一起裸体创业，走不了多久，就开始闹分裂了，原因就是文化的差异，大家的价值观和行为习惯差异比较大，容易起纷争。

朋友关系和家族关系不要混合。创业伙伴不要把朋友关系和家族关系掺合在一起。创业伙伴最坚固的莫若夫妻、父子、兄弟等，纯粹的血缘关系和姻亲关系最容易创业成功。长期的纯粹朋友关系一同创业也是很好的选择伙伴。如果是朋友关系加上夫妻关系等家族关系，这几乎宣告了创业团队不可能走远。再好的朋友也耐不住夫妻枕边风。所以创业伙伴要么选择纯家族关系，要么选择纯朋友关系。选择了纯朋友关系，就不要半路上让伙伴的家族成员一同参与创业团队。

创业团队最好有一个核心人物

创业团队要有大致分工，做到分工互补，同时强调合作。创业团队最好有个权威人物或核心人物或灵魂人物，当大家意见不一致时，权威人物能拍板定调，防止大家议而不决，原地踏步，左右冲突，没有明确的目标。如果有一权威人士，哪怕是拍错了板，也比原地踏步好，错误方向走得时间足够长也能到达目的地，议而不决，东拉西扯，原点徘徊永远达不到目的地。

均衡股份有利有弊。很多朋友一起创业，由于充分体现合作与平等，大家股份均等，三个人各三分之一，五个人各20%，甚至团队里的灵魂人物也是和大家一样的股份，这样的股份安排，在创业初期很有效，但创业有所成后麻烦就来了，虽然有权威人士、核心人物，但股份和大家一样，在重大决策面前往往意见达不成一致，错过了最好的发展机遇，最后败落下来，创业团队四分五裂。所以朋友一块创业，最好是领军人物的股份相对多，虽做不到控股，至少是第一大股东，也许他出钱不多。

创业伙伴中最好有人裸创过

创业伙伴中，虽然都是裸创，但最好是有一位曾经创过业，只是失败了。也许他失败得很惨，对创业团队来讲仍然是财富，这位曾经创业的失败者也许过去裸创的行业和现在的行业风马牛不相及，但同样是财富，而且过去创业的时间越长，财富越多。因为创业就如同黑夜探新路，只能是边摸边走；创过业的人，再创业，好比黑夜走老路。创业伙伴中如果有人创过业，就如同黑夜中走路有了向导，剩下的就是这位创过业的向导能够导引大家走多久。他在过往的创业过程中,创业的成熟度越高,会带领大家走得时间更长,一旦他不能给大家当向导了,那么大家必须一起黑暗中摸索前行。如果创业伙伴中根本没有人创过业,都是纯粹的职业经理人,那么只能是大家一起黑暗中摸索,这样的话创业成本会更高,需要摸索的时间会更长,犯的错误会更多。所以说,创业伙伴中有人创过业,那是创业团队的幸事。他前次创业的成本至少有一半会摊入此次创业成本中。换句话说,创过业的人再创时,会节省一部分创业探索基础成本,因为他毕竟走过一段创业的路。

选择好创业伙伴后,就要坚定一起走下去的信心,期间少不了的误会,沟通磨合。这也是一个非常熬人的过程。

由信托到托人的转变升级

创业前,都认为自己是英雄;一旦创业受挫,就变成了狗熊。从英雄到狗熊的过程,是极其难熬的过程,但如何才能始终保持英雄本心,经受住煎熬呢?创业者还有一种角色要转变,这就是从受托到托人的转变,从过程决策到原点决策的转变升级,这个转变升级过程也是难熬的,过去习惯于别人的安排,要逐步转变为选人托人,直到建立整个的托人体系。这会有个长时期的无所适从的难熬过程。

经理人创业,在前两三年往往百事不顺,气馁之极,于是时不时怀疑自己的能力——自己做职业经理人时,为什么那么有水平、有能力,干啥成啥,自己能量无限,英雄无敌,轮到自己创业做老板,一切都变了,干啥不成啥。于是开始动摇,失落感、失败感陆续向自己袭来。由于我做猎头的原因,几乎每天都会见到创业失败归来的英雄,他们沮丧、失意、不自信,大大低估自己的实际价值,甚至会认为自己很失败,混得不咋地,无脸见熟人,怕丢人。此时,创业的经理人从内心深处理解了那句老话"虎落平阳被犬欺"。虎落平阳之所以被犬欺,是因为此时的老虎认为自己确实连狗都不如,当然狗可以仗胆欺虎了。当然,也还有一些经理人创业失败了,不怨己而怨人。无论是怨己还是怨人,都是抱怨,抱怨除了平添伤悲外,没有任何作用。

正确的方法是寻找真正的原因,当然失败的原因有很多,其中最最重要的一个原因就是角色没有转变,就是从信托到托人的转化。这是经理人创业从英雄变狗熊的众多原因之一。

没有了信托责任,无所适从

经理人原来是打工者角色,是信托责任,没有创过业的经理人在过往的经历中,都是信托责任,有老板和组织的托负,无论怎么干都在组织或老板划定的圈圈内转,想离开圈圈做事有太多的障碍,当然自己心里也担有信托责任的压力。而老板给你的信托都是老板完成了决策后托付给你来做,自己凭借着职业操守和良心,内心的戒律,对法律的敬畏等,认真把老板托付给的工作做好。然而经理人从开始创业的那一天起,就没有了信托责任,也没有信托的压力,自己就是老板,自己可以随意挥洒,自己百分之百的决策权,360度的决策度。过去没有扮演过这种角色,所以,一下子失去了压力,失去了方向。这个过程是极其难熬的,必须尽快摆脱这种现状,给团队指明方向。

由于再也没有信托责任,可以随意挥洒了,表现在日常的行为当中，比如再也不用向人请假，因此，失去了外部的约束力，就连别人来给你请假，批还是不批，你都没有个标准，松紧无度。同样花钱问题，也没有了标准，该不该花钱，花多少钱，都完全自己来定，再也不用考虑他人批不批，当他人问你要钱或花钱时，批与不批，你再也没有请示的对象，完全自己做主，这主做得对不对，完全没有了标准和评判的依据。

原点决策能力缺失，无法托人

很多经理人创业初期，整天被请示，太多的他人意见诉求等你来敲定，同时自己也有很多想法，所以整天瞎忙，因为想法一个接一个，每一个都自认为很好，没有一个干完整的，自己想起啥干啥，决策随意完成，但这种决策没有经过决策程序，没有进行约束性过程，没有反决策的批判。虽然决策了，而实际上没有完成真正的决策。因为经理人刚创业，还没有这种原点的决策能力，也可以说完不成决策，甚至不知道如何完成决策，因为过去没有进行过原点决策，必须有一学习锻炼的过程。自己做经理人时企业的决策都是由老板完成，老板确定了大方向后，自己在实施决策过程中二次决策，是过程决策。但要从原点起步，往哪个方向走，自己想都没想过，于是，原点的决策能力根本没有，甚至没有这种意识。完不成原点决策，当然也无法托人。

即使完成了原点决策，有了制度、有了流程，但由于是在原点附近，同时由于自己的最高决策度，可以随时突破制度，所以创业初期，老板的嘴巴就是制度，老板的行为就是流程，可以随时改变、随意改变、随地改变、随心改变，这"四随"导致企业没有任何章法，当然雇员们也没有章法可依，干了两三次半途而废的工作后,也就"四随"了。老板说老板的,自己干自己的,或表面答应干,实际根本不去干,因为雇员明白,老板随时都会改变,干脆自己也随意吧,所以老板也就无人可托了。

如果说经理人是从动轮的话,老板就是主动轮。当经理人由从动轮变成了主动轮后,就必须行使主动轮的职能,但由于自己还没有能力胜任主动轮,从动轮当然也无所适从了。所以,经理人创业首先是要尽快完成角色转变,从过去的受人之托干事,练就把事情托付给别人来做。这个转变绝非简单的量变,而是彻底的思维模式、行为习惯的升级和转变,绝非一日之功,绝非读了几本决策艺术的理论书籍就能完成,这是一种心智模式的转变。我接触过一些很有水平的老总,做经理人干得很好,为老板赚了不少钱,可自己干时怎么都干不成,因为自己太随意了,稀里糊涂地决策,稀里糊涂地带着大家干,稀里糊涂地上项目、花钱、投资,稀里糊涂地答应朋友、员工,结果企业稀里糊涂地完蛋。如果创业老板熬不过原点决策的升级换代,也就不可能赚到钱,创业必败无疑。

创业路上谁是敌人

经理人开始创业后应该明白这样一个道理,只要步入了创业道路,你的朋友圈子将重新洗牌,原来你的朋友很可能变成了你的敌人,原来你的敌人有可能变成朋友。此一时彼一时,此彼变换,敌友亦变。有位朋友创业一年,糊里糊涂地蹲了半个月大狱,原因就是合伙创业的四五个人中,有一人动了心眼儿,在关键的时候使坏,高唱着帮忙,其实把这位朋友"帮"进了监狱，然后掠夺其股份。其实把所有股份掠夺到手的这位老兄，最后也没有把公司做起来，还亏得一塌糊涂，欠了一屁股债。其实，这四五位合伙创业者，都没有做过老板，把股份看得很重，还根本不懂创业阶段经营的真正内涵，结果发生了上述的掠夺股份的事情。真正的大老板比的是实力，而不是创业期没啥大用的股份，比如万科的王石占万科很少的股份，照样在大老板圈内行走，因为实力在。

从经理人到创业当老板是角色上质的变化，角色变了，围绕你周边的社会关系也必然发生改变。初创的经理人开始思想意识往往转变不过来，没有把老板角色的风险考虑进来，因此把过去经理人时期的朋友不经筛选仍当朋友看，结果倒霉的是自己。

随着创业的道路越走越远，成就越来越大，影响力越来越大，你的社会关联也越来越广泛，社会关系也越来越复杂。这时崇拜你的有，欣赏你的有，尊敬你的也有，嫉妒你的更有，同样恨你的也有，时刻盼你倒霉的也有，躲避你的也有。当然，你作为创业者一路走过来，心态也在发生着变化，随着业越创越大，你的自信心也越来越足，气也粗了，说话的口气也大了。那些和你过去关系很近的朋友开始背后嘀咕你了。即使你仍把这些哥们儿当朋友，但这些曾经的哥们儿，心态各异，也许你不经意的一句话，他就往心里去了，便开始恨你，甚至开始搞起了破坏动作。这一切你都在明处，他在暗处，昔日的朋友变成了潜伏在你身边的最危险的敌人。积累到一定程度，矛盾爆发了，给你致命的一击。

十类人容易成为创业路上的敌人。一是旧朋友中嫉妒心强者。二是旧朋友当中极度自私贪婪者。三是旧朋友当中执拗而又脑子简单者。四是旧朋友中心底不善爱生事者。五是旧朋友中爱结交不三不四的朋友者。六是创业过程中因利益纠葛退出创业团队者。七是问你借钱者，尤其多次借钱不还者。八是没做认真了解的朋友的朋友者。九是突然冒出的来路不明的朋友者。十是可怜的怀才不遇者。

嫉妒心强的人过去之所以是你朋友，就是他和你的经济状况与成就差不多，你没有让他可嫉妒的。一旦你创业有所成了，一个月企业的收入是他多少辈子打工都挣不来的时候，他难免妒火中烧，烧到一定程度就失去了理智，烧毁了他自己，同时烧向了你。

创业过程就像一列行驶的火车，中间不断有人上下。和你一同创业，中间退出，自己创业失败，欠债太多，生活拮据，没有正式营生的人，你要小心。兔子急了还咬人，更何况和你一同创业者如果混到很惨的地步后，也许你稍不注意伤害到他的自尊，那么他伤害你的就不是单单的自尊了。

创业过程中，作为老板，钱也许有不缺的时候，但人才总是紧缺的，任何时候都缺人才。这时，各种偶然的机遇，你会巧遇到你过去的同学、校友、战友、故交、同事、下属等等，你也闹不清这人怎么就巧遇了，聊了一阵子后，才知道这些故知混得很惨，很可怜，一直怀才不遇，你正缺人才，心一软，这些可怜的怀才不遇者便登上了你的创业列车。由于是故知，所以很容易被重用，一段时间后，才发现这些可怜之人必有可恨之处，你返回头来一了解他的过去，尤其见你之前的那一段，才发现他的底是潮的，而且不是一般的潮。所以，如果见到故知正怀才不遇，表现得很可怜，无论你多么需要人才，都要私下认真地了解一下。无论过去多熟的朋友，时隔3个月之上，都应了解一下这段时间他的情况，了解清楚了再定夺。世界上不存在真正的怀才不遇者，真正有才者是不会不遇的。尤其是怀才不遇者可怜兮兮的时候，请忍住诱惑，一旦用了，会麻烦不断，成为你创业的敌人。不信？你试试就信了。因为，真正有才的人也许有落魄的时候，才华没有显露出来，但他展示给你的一定不是可怜相，而是骄人的才华。

当今中国正在转型，正在经历史无前例的变革，尤其对财富观念的变革，整体社会处在财富饥渴阶段。人人都向往财富，但财富的拥有者被仇视，兄弟姐妹都不行，更何况只是朋友关系。因为财富是这个时代人人向往的东西，都想得到它，于是谁得到它，谁就是公敌。就像过去的朝代更替时期，谁都想当皇帝，结果谁当了皇帝，群起而攻之，因为谁先称帝，谁就断了所有人的向往，能不招人仇恨吗？所以，一旦你走上了创业的路，就是走上了全民都想创业的路，这条路上一定很拥挤，一定有太多的无奈和荆棘，尤其你创业有所成后，更是千夫所指。所以，创业有所成后千万甭嘚瑟，甭露富，甭显摆，收敛点，谨慎点为上策。

老东家是友军还是敌军

很多经理人创业往往和老东家过不去，把老东家当敌人，这是最愚蠢的做法。经理人裸体创业，严格意义上来讲，唯一可借用的有效资源就是老东家，就是你刚刚离开的老东家，就是你内心诅咒了千万遍、恨得咬牙切齿的老东家。老东家才是你创业最有效的支持者。然而，很多经理人搞反了，自己另立门户创业，首先是和老东家对着干，和老东家干一样的业务不说，还专门去挖老东家的墙脚，去抢老东家的客户，抄袭照搬老东家的一切，这不明摆着和老东家做对，你想老东家能干吗？你不是一般的竞争对手，而是十分熟悉老东家的竞争对手，而老东家并不熟悉你，这本身就是不公平竞争。这种情况，一般都要失败，因为你树敌了，俗话讲和气生财，你偏偏树敌，偏偏把友军当敌军，焉能不败？华为的李一男创立的港湾就是典型的失败战例。和老东家对着干的创业者出手太低，敌我不分，不明事理，何谈成功？话说到此，总有人举出牛根生创立蒙牛的成功案例。细分析，蒙牛和伊利之争，其实是民营和国有之争，假若伊利也是非国有经济，蒙牛能成吗？那就难说了。国有就是无有，是大家拿的事情。牛根生带领一帮伊利人出来创业，伊利只是资源目标而不是敌人，伊利也不会真的把蒙牛当敌人。因为伊利是国有的。

　　创业者最好和老东家成朋友，和老东家互补，做老东家的产业链的上游或下游均可，或为老东家提供其他服务。这样做，老东家不会与你为敌，只会助你一臂之力，因为老东家对你熟悉，已经与你有意，为何不愿与你合作呢？和你合作，也想帮到你，你的生意还很小，老东家根本不会嫉妒你的，如果你做这点小生意他也嫉妒的话，他就不可能把生意做起来。但是，合作你不干，偏偏做同样的生意，抢老东家的客户、人才、挖老东家的墙脚，那就另当别论了。

防范创业团队散伙的10招

　　首先在理念上要正确。要坚信组织能够健康发展下去，不要一开始就想着失败，尤其不要用"只能共苦，不能同甘"、天下没有不散的宴席、过河拆桥等俗话来支配自己的思想，有这种想法本身就为失败埋下了种子，就像刚开始学习骑自行车一样，发现前面马路中间有一障碍，于是乎你越不想碰上石头，偏偏最后还是碰上了。因为你的精力集中于失败了，你必然失败。

其次，持续不断地沟通。开始要沟通，遇到问题也要沟通，解决问题时也要沟通，有矛盾时更要沟通，多想有利组织发展的事情。有不同的看法，不要在公开场合辩论，不要把矛盾展示给下属。

第三，发现小人钻空子，坚决开除。领导之间的矛盾，不要让下属来评论，来解决。

如果双方沟通有困难时，就主动寻找外方的力量，尤其双方都信得过的好朋友来解铃，但不要露出太明显的痕迹。如果发现组织中的小人来利用领导之间的矛盾分歧达到个人的目的和损害组织利益，那就毫不犹豫地坚决开除，不论他是什么人。

第四，就事论事。当双方矛盾冲突到两个阵营的矛盾时，外力也不能解决时应停止争论，停止人事波动，就问题来解决问题，不要就人来讨论。

第五，换种环境换心境。双方应出去郊游，散心，不要纠缠在矛盾之中，毕竟是莫逆之交，毕竟是血缘关系和姻亲关系，大家撇开工作问题和事业上的矛盾，出去多讨论人生话题、休闲话题，把利益看淡一些。

第六，丑话说在前面。最初创业时就把该说的话说到，该立的字据一定要立到。把最基本的责权利说个明白透彻，尤其股权、利益分配更要说清楚，包括增资、扩股、融资、撤资、人事安排、解散等等。

第七，及时协调立据。任何事情都不可能在最初计划周全，事情是随时都有可能变化的，合作运营过程中，遇到新问题新矛盾一定先说清楚立下字据再行动，千万不要先干再说，因为事情发生后都是朝着自己有利的一方考虑。先干再说，看似快了，其实埋下祸患的种子，将来就不是速度快慢的问题，而是风起云涌，企业组织颠覆性的运动的根源。

第八，不要太计较小事。难得糊涂对创业合作的各方都是保养自己心灵的鸡汤和企业组织运转的润滑剂，这与前面讲的丑话在前和及时立据看似矛盾，其实不矛盾，前者讲的是在没有形成事实的情况下的做法，后者是说事实已经形成了就不要太计较了。计较了也于事无补。其实，过后经常会发现双方的计较毫无实际意义。

第九，不要轻易地考验对方。创业者团队合作起来不是一件容易的事情，不考验还会出事，更何况有意考验对方时，对方肯定经不住考验，因为当你考验对方时，对方不知道，只能是顺着你设定的情景运行，结果肯定是和你设想的一致——没有经得起考验。如果对方知道你在考验他，那你也肯定考验不出来，因为他在心理上和行为上都进行了设防。这不但是瞎子点灯白费蜡，而且还会伤了和气，心理上出现裂痕。所以既然是合作，就不要动辄考验考验对方，考验是基于不信任为前提的。

第十，一直向前看。创业合作过程中，遇到问题矛盾应向前看，向前看利益是一致的，因为成功会给大家带来更丰厚的收获；盯住眼前的事情不放，只能是越盯矛盾越多，越盯矛盾越复杂，最后裹足不前；回头看，回忆起合作中的不愉快，会使你伤心，丧失前进的斗志和动力。只有向前看，成功的希望激励着合作的各方摈弃前嫌，勇往直前，抵达成功的彼岸。

创业难熬，但不能熬死

2016年10月6日，春雨医生创始人、CEO 张锐因心肌梗死去世。心肌梗死有两个主要诱因，一是持续疲劳，二是情绪波动紧张。这是每个创业者必须面对的两大问题，持续疲劳是必然的，创业者5加2、白加黑干活是常态，情绪波动是家常便饭，一会儿想出了好点子，兴奋得不得了，一试又遇到了新问题，失败了，一下子情绪又失落沮丧。另外，千头万绪、无穷无尽的烦心事，压力自然会很大。从公开的信息来讲，张锐最大的压力还是来源于资金的压力，生怕资金链断裂，企业陡然没了，这是他选择的创业方式决定的。

我也是一名创业者，多年来，亲历并闻睹了无数创业者的艰难困苦，特为有志或正在创业的同道提供些建议。

一是不要累死。

创业首先是体力活，必须有个好身体。很多创业者，总是大谈资源丰富，奇思妙想，创新创造，其实都忘记了作为创业者本身，健康是1，其他都是1后面的0。创业首先是体力活，一定要有良好的身体素质做基础，如果没有，趁早打住，纵有再好的创业想法，配合别人创业可以，千万甭挑头创业。什么样的身体素质适合创业，有耐力型运动员的基础素质，这就是创业者中为什么军人及很多早年吃过苦的人比较多。因为创业时，客观的身体基础素质扛得住。

创业是持续疲劳战，要学会积极休息。针对创业持续体力的付出，通常人们应该多睡觉，认为睡觉就是休息，旅游就是休息。先不说创业期，时间是最宝贵的资源，很少有充足的睡眠时间，即使睡觉，肯定满脑子都是事。积极的休息，就是变换你常态的作业方式。重体力劳动者需要睡觉放松补充体能，但高智力劳动，睡觉反而放松不下来，比如写文章，写策划文案，睡觉反而进入另一种工作状态。而创业既是高强度的体力活，也是需要智力的活，更是耗费巨大精力的活，所以，创业者的休息更应该讲究，过度的体力消耗后，要及时补觉。除了补觉以外，更重要的是在阶段性的常态劳动后，变换一种另外的休息方式，比如开会、讨论问题等耗费精力和脑力后，应该是户外的运动更好。户外运动，一是可以补充氧分，二是迫使自己被动让脑子休息一下。

二是不要急死。

每一个创业者，都会面临极大的情绪波动。这压力来自于方方面面，压力带来焦虑，焦虑过了就是焦虑症。张锐的压力肯定巨大，他也坦诚，资金的压力巨大，生怕资金链断裂。且不说断裂，几乎每个创业者都会有发不出工资的经历。如何有效排解精神压力呢？

首先要明白创业不只是百米短跑，而是百米的速度跑马拉松，没有时间的积累，仅靠短期的爆发都不长久，所以，必须踏下心来，一点点突破，同一时期集中干一件事，把一方面突破了，再集中精力突破另外一件事。这是说老板自身的时间和精力维度的安排，如果人力资源和其他资源都够，当然可同时安排其他创业团队成员去突破其他，但自己的时间和精力同一时期一定集中在一件事情上。总之，以自己能把握的速度前行，不要与别人比，不要羡慕别人跑得快，不要以为跑得快必赢，跑得慢必死。创业大军中，大多都是急死，因为跑得太快。

心急的另外一个原因，就是想干大事，想干很多的事。每一个创业者，面临的个人资源、内部资源、外部资源都是不一样的，时间、地点也是不一样的。一定要干资源许可的事情，不要用有限的资源做无限大无限多的事情，创业不是比你做了多大的事情，而是比是否活着，是否持续活着，活久了，资源积累得多了，自然会有做大做多的机会，人们常说，互联网领域，创业成功只有唯一性，只有老大没有老二，一将功成万骨枯。像团购网站，疯狂上马、疯狂发展、疯狂死亡，兴也勃，败也忽。我见过在互联网领域的创业者，不到 8 年时间，已经换了十多个领域，当然有很多个投资机构给他投资，最终也许会成功，但至少目前没有成功，全是创业失败的经历。如果这七八年集中在一个细分领域持续创业呢，也许已经创出一片天地了。创业者会说，创业项目死掉的原因是风投不持续投资了。如果离开了风投创业就不能持续的话，那你的创业模式是不健康的，或者说这种创业模式不适合你。

三是选择最适合自己的模式创业。

创业有五种模式，自己掏钱创业；几个朋友合伙创业；利用风投创业；参与到别人已经成功的团队中；做创客，利用现成的大平台创业。这五种创业模式都是创业，只是风险不同，责任不同，没有好坏，只有是否适合自己，每个人面临的个人情况、家庭状况、资源状况都不一样，一定选择适合自己的模式创业。

四是学会拒绝，干最重要的事情。

创业者每天有无数的事情，要把不同时期的事情排个序，分出轻重缓急，只干最重要的事情，有些事情顺手能做的，可以顺手做，如果不顺手坚决不做。

五是享受创业的生活方式。

世间美好的事物太多了，生带不来、死带不走。那么来到这个世界，首先是尽可能延长生命的长度，体验更多的事情，其中，创业就是一种体验，尽管创业不是常人干的事，有很多苦和累，有很多无奈和艰辛，但也有很多惊喜和精彩。创业会给予你人生很多的难度，让你在持续顽强的拼搏中，逐步练就自己的坚韧，提升自己的能力，达到你人生的高度和厚度。如果你把创业当做一次修行和体验，就会乐观和自信，会以最饱满的热情来体验创业给你带来无限可能的感受。所以，创业就是一种生活方式，体验不同的风景、高刺激、高强度的体验，而这种生活方式是不创业的人所没有的，由此足以。

第五章 苦熬青春期

企业的第二个十年,我把它称之为青春期。创业期遇到的主要是生存问题,所以叫穷熬;而青春期遇到的主要是人的问题,且是更高深层次的人的问题,是情理法义四元素的叠加与冲突。作为企业老板难免苦于应对,其内心的纠结与痛苦,是一般人难免想象的,所以,称为苦熬青春期。

创业者经过千锤百炼，凤凰涅槃，终于熬成了合格的生意人后，面临着生意越来越多，规模日益扩大，发现问题越来越多，于是不断地解决问题，然而问题仍层出不穷。企业在跌跌撞撞中前行，在天天忙于应付企业内外的琐事中时间悄然走掉了10年左右，还没来得及总结及思考，不觉然企业已经进入了青春期。青春企业自然不会有创业期那么为生意打拼，具备了一定的抗风险能力，但青春期自然会遇到青春期独有的问题，作为老板必须重视，不然企业就会被竞争对手远远甩在后边，最后被并购，甚至连被并购的资格都没有，碎片型公司只能是小老，自己最后关门歇业。

如果说创业期遇到的主要问题是生意和生存问题，那么青春期的问题则主要人的问题。创业期也会遇到人的问题，但青春期遇到人的问题是更高层面的人的问题。

人的青春期是指年龄在12～17岁，原则把企业的第二个十年叫企业的青春期，但不同行业企业的青春期不一样，互联网公司、创新类的科技公司，这些变化快的公司青春期可能来得更早，尤其移动互联网和资本的双重冲击，导致很多企业提前进入了青春期。因为企业变化周期大大缩短了，企业的变化必须跟上。但无论如何，企业创业有成后，必然会遭遇到青春期问题，作为企业老板此时处理的问题，远远不同于创业期，要比创业期遇到的问题更难处理，问题上升到一个一个新的量级，如何处理，如何熬过青春期，则是考验老板的关键时刻。

1

青春期企业六大综合征

我长期从事猎头工作，耳闻目睹太多的企业徘徊于青春期，始终不能突破，最终或者被并购或破产，或者结果成了小老。同时，也亲眼见证一些企业成功突破青春期，尔后便展现出空前的潇洒与活力，纵横捭阖，驰骋市场，所向披靡，释放出极大的吸金、吸才的能量，成为人们神往和膜拜的企业。由此，江湖上便有了这些企业和企业老板的传说，甚至还有这些企业高级经理人的传说。

青春期的企业，在经过十多年的市场摔打之后，各个方面基本都固化了，无论是业务模式、企业文化都已成型，主要核心人员之间已达到默契程度。这些对企业的稳固有极大的正面作用——但对企业的突破和发展，则要辩证看了。

青春期企业就如同青春期的孩子一样，其典型特征：不听话，叛逆。虽然企业一天天在长大，但老板拍板乃至集体决策的事情，总执行不到位，战略目标几乎变成了永不落地的口号，企业在沿固有的模式喘息前行。

同时，青春期企业往往毛病越来越多，归纳起来有六大综合征。

综合征一：内部七大冲突。

战略与执行力的冲突。企业每年都制定了很漂亮的战略目标，但执行力就是跟不上，远远不像企业少年期那样翻倍增长。

而到了青春期，虽然企业相对成长了，但战略始终与执行力相冲突，让企业经营者非常苦恼。

商业模式与市场变化的冲突。创业头几年一直为形不成商业模式而烦恼，后来逐渐形成了商业模式，当正在为自己的成型而又成熟的商业模式自豪时，却发现市场变化了，固化的商业模式将与很多眼前的商机失之交臂。进而发现，市场越来越不是自己能适应和把握的，企业经营管理者有越来越摸不透市场的感觉。

服务模式与客户新需求的冲突。青春期企业服务模式已经成熟，甚至开始标榜和宣传自己的服务理念和服务方式，然而客户需求却发生了新的变化。企业的服务就像可口的饭菜，总有吃烦的那一天。为此，企业必须不断创新服务，但服务模式已固化下来，要创新谈何容易。二者的冲突在青春期企业非常明显。

企业规模与风险管控的冲突。青春期企业的个头都已长成，也许人员规模突破了百人、千人、万人，资金规模数亿乃至数十亿甚或更多，企业有多个OFFICES，多区域发展，需要企业自身的管理能力越来越强。可企业的管理能力就像一个青春期男孩的筋骨，个头虽有，但不足够强健，于是企业的大小风险经常发生。而企业的个头还在一天天长大，于是风险管控和企业规模冲突不断。

元老忠诚与能力需求的冲突。企业的元老们已跟随企业一路成长而来，他们对企业的忠诚和感情是不容置疑的。问题是这些忠诚的元老们跟随企业一路成长，能力模型大多已定型，但企业的规模逐渐壮大，需要更高水准的能力，很多事情元老们虽有忠诚与热情，但心有余而力不足，确定的事情往往干不了或干不好。

能力与信任的冲突。过去企业规模不大时，老板采用目视管理，或信任管理，能把企业操持运转。随着企业规模的扩张，目视管理已经失灵，信任管理也不奏效；而引进有能力的人，大家又缺乏相互信任，于是信任和能力的冲突越来越明显。

渴望规范又希望自由的冲突。由于企业规模越来越大，每天都发生新的问题，靠老板和领导、管理者个人随机应变的决策和指令已不能适应公司运转了，指令冲突的有，理解指令有误的有，假传圣旨的有。于是大家都希望规范，但大家又都习惯了自由，都希望规范别人，而自己自由，于是规范和自由就发生冲突了。从老板到员工普遍心有余而力不足，这是每一位关心企业的成员共同的感受。

综合征二：企业抱怨声声。

虽然研发、生产、销售、日常运营、财务管控、服务质量、人力资源等各个领域都在有序运转，但总是问题丛生，改进艰难。于是企业抱怨声声。经营部门的人抱怨管理部门的人水平差：这么简单的问题都解决不了？各部门各体系之间相互抱怨，配合不力，达不到自己的要求，都说对方不行。

企业发展需要人才，可人才在哪里？

元老说：人才在这里！

老板说：既然你是人才，我想要的，为什么你总干不出来？

元老说：你眼睛总向外找人才，外来的和尚会念经，上次××来了几个月，什么也没有干出来，造了一堆麻烦，还不是我们给收拾的烂摊子？

老板说：你都跟不上队了，难道还回头拉你不成？

元老说：老板才是企业发展最大的瓶颈。

老板说：仅有忠诚是不够的，你们阻碍着企业发展，我要引进人才来牵引。

就这样，企业每天都是抱怨声声，此起彼伏，谁都烦。但好在活儿还照常干，其中主要靠对企业的多年感情。

综合征三：官僚与本位主义盛行。

青春期企业虽然还没成年，但企业里已经有了元老；虽然属性是企业，但已经有了官僚；虽然还没有稳固的市场，但企业内已经有了稳固的地盘；虽然急需补充新鲜血液，但几乎所有老人都十分惧变；虽然相互之间矛盾重重，但围剿空降兵却惊人的协同；老板既要呵护新人，又要安慰老人。老板活得很累。

而长期积累的结果，很多人习惯了一切，没有了创业期的激情，官僚已经产生，官僚主义盛行。不少人从新兵熬成了元老，新来的人，基层一线的人，面对信任体系下的管理模式，对管理层产生了惧怕心理，甚至要办成事情得求管理部门的人。各管理部门、各经营单位内部的同事们，长期共同的奋斗形成了友谊，有了很深的感情，正式的或非正式的小圈子利益逐渐形成，维护本位利益的现象经常出现。官僚和本位，成了青春期企业的显著特征。

综合征四：求稳也死，求变也死。

青春期企业，元老们大多极力反对老板的四随：随便、随意、随性、随时。

老板在企业的创业期和少年期积累起来的权威，足可以随便发布口头指令，随意修改政策，随性而为，随时都可以终止和调整正在干的事情。但由于缺乏周密的计划和预热周期以及成熟的运作手法，导致很多事情不了了之，各事情之间冲突不断，协同不够。而老板又担忧不变就是等死。所以既然大家都不动，我主动行动，我率先行动。企业就在求稳与求变的冲突下跌跌撞撞中爬行。有的企业死于变化太快，也有的企业死于求稳不变。

综合征五：内部三角纠结。

青春期企业时常引进职业经理人，可引进后往往麻烦不断，矛盾丛生。原因是什么？经理人、老板、元老三者都有。急于求成是老板的心理，急于求变是经理人的心态，因循守旧是元老们的最爱。老板最怕经理人不行动，经理人最怕老板不敢动，元老们最讨厌有改动。三者的心态交互作用，三角纠结。

企业发展到一定规模，有一定的平台优势，经济实力也有了，就有条件引进职业经理人。可引进的职业经理人薪酬必然高，薪酬高只是诱发矛盾的因素之一，重要的是改变了利益格局。皇亲国戚和元老们辛苦打下的江山，自己还没有享受，怎么就来了指手划脚的？还拿着那么高的工资？于是就本能地开始挤兑空降经理人。空降经理人想：老板给我这么高的薪水，就是要我来解决问题的，再说若不是为解决问题而来，我在这里空耗什么劲儿？老板则想：元老们不行动、不愿动，没有能力和水平动，我聘个愿意动的，有能力动的，来刺激一下你们！但职业经理人的薪酬太高，一人顶好几个，来了三个月不见变化和成绩，于是心急起来，催促经理人行动。经理人初来乍到，情况不明，处于弱势和信息不对称状态，一动就容易出错。一出错，就被元老们抓住，就到老板那里告状，甚至故意集体掣肘设陷，让经理人干不成事，倒霉出丑。鼓捣的时间长了，企业正事没干，问题一堆，业务震荡。于是老板为了求稳，逐渐也不敢动了，接着有些经理人就抱怨、泄气和消沉，老板也烦了。这样，经理人不是被老板开掉，就是自己辞职。当然，也有不职业、半生不熟，甚至江湖骗子冒充职业经理人的，伤害了企业、伤害了老板，使老板一朝被蛇咬，十年怕井绳。结果，优秀的职业经理人也受到了怀疑和伤害。就这样，元老、经理人、老板三者之间，便有了说不清楚的关系。

综合征六：焦虑与麻木。

青春期企业反复折腾几个来回后，若经营、管理、文化等方面没有突破，会逐渐导致全员士气低落，没有激情；时间一长，就麻木了。而当看到其他同行企业一骑绝尘跑远了，还有后起之秀逐渐逼近和追赶上，甚至超越了自己，于是又有了焦虑。但焦虑时间长了，仍没有改变，逐渐大家又都习以为常，甚至认为这是企业的常态。焦虑中的麻木，麻木中的焦虑，二者都是病态。渐渐这病态就成了常态，可这种常态下的病态能维持多久？

面对青春期企业以上六大综合征，作为老板，如何熬过，让青春期企业走向健康的成熟期确实是一件难事，是比创业期更难的事，因为创业期面临的主要是生意上的事，而青春期面临的问题主要是"人事"，下面就青春期存在的主要的人的问题，逐一给出突围的方法。

2

老板、元老、经理人的三赢之道

经理人要做到6条

①创造价值。你要明白，老板高薪请经理人来一定是解决

问题的，而不是让你高谈阔论和做军师。

②协同发展。老板高薪请经理人来不是和元老们决斗、造矛盾的，而是比贡献，希望经理人带动元老们一同发展。

③尊重元老。元老们也是为企业发展立下过汗马功劳的，理应受到肯定、尊重和尊敬。

④谨记你是老板的新人。元老们和老板之间的感情以及对企业的忠诚远远高于你，也许在引进你的时候，老板和你谈了许多企业存在的问题，谈了元老们的问题，但不等于老板就否定元老们的贡献和忽略他们之间的情感，这点应谨记。

⑤先融入再发展，积小胜为大胜。进入后第一件事是融入，认同大家，让大家也认同你。要做到这一点，除了心态调整到位，处好人际关系外，更重要的要打胜仗，且是从小仗打起，积小胜为大胜。

⑥高薪必然高期望。薪酬高是一把双刃剑，薪酬高，老板对自己的希望也高，必然招致很多人的眼红，即使你已经很努力了，大家对你也不满意，甚至故意挑你的刺。所以，拿高薪，必须做得超出大家的预期。

元老们要做到6条

①明事理。明白企业不发展和突破，必然死亡。企业死亡了，自己的积累和未来也都将化为乌有。既然等死，不如引进新生力量，尝试突围。

②调心态。老板既然下决心高薪进人，是企业发展的需要，个人是挡不住的，每个人的能力模型都是相对固定的，相信自

己不是万能，而且能力有限。

③勤学习。引进经理人是老板花钱让自己免费学习的机会，应抓住机会，虚心学习，长本事。

④积极看。经理人薪水高，刚好为自己涨薪预留了空间，经理人要不来，自己涨薪酬还真难，这是积极看待经理人高薪的角度。

⑤求成长。配合经理人的工作，促进企业突破发展。企业发展了，自己也跟着锻炼成长了，将来自己的市场价值也必将跟着提升。

⑥做新兵。无论什么时候，都不要有元老心态，不能摆老资格，应把自己看做是一名新兵，充满创业激情，为企业的发展持续做贡献。

老板更要做到8条

①定决心。老板必须明白，企业发展如逆水行舟，不进则退，必须积极进取，否则等待你的是关门、破产、并购、被迫转型，因此不要太顾及元老的感情和面子，必须对大家负责。如果没有这个决心，劝你趁企业正在青春期，溢价最高的时候，把它卖掉。

②抢人才。企业要成功跨越青春期，快速实现突破性发展，仅靠几位元老和自身培养人才是远远不够的。因为，只有把人才抢到自己的口袋里，才能为自己服务，而不为竞争对手服务。所以吸引人才是企业发展战略的需要，必须持续合理地引进人才，尤其是职业经理人。

③高薪引。高薪是青春期企业吸引经理人必须要做的。青春期企业老板必须清楚：没有舞台是不行的，仅有舞台也是不行的，如果拘泥于靠平衡元老薪酬，甚至引进的职业经理人薪酬比元老们还低，你就很难引进到超越自己现有人才水平的人，除非你是行业老大。因此，新进的经理人薪酬高于元老是正常现象。

那么，引进经理人后老板该如何化解高薪难题？

④教育元老从大局着眼，着眼未来。把前面所说的元老必须做的6条告诉元老，让元老做到位。

⑤指导经理人融入企业。对高薪引进的职业经理人头三四个月明里一视同仁，暗中支持和帮助。经理人进入之初，千万不要当着元老的面表扬经理人，这也是对经理人的一种保护。

⑥严肃薪酬保密制度。特别是入职初期阶段一定要薪酬保密，这对高薪职业经理人度过试用期或者说心理的弱势期非常有帮助。

⑦竞赛机制。高薪引进经理人后，把经理人和元老们放在同一起跑线上竞争，如果元老在规定的时间限度内，比如一个整年度的比赛中没有输掉，年底要同样补齐到经理人的高薪，并论功行赏，千万不要拿四平八稳的薪酬体系绊死自己。第二年接着赛，如果元老第一年不输经理人，第二年应该给同等的高薪，提同样的要求，且同样从零起步参与竞赛，同样论功行赏。如果元老在比赛中输掉，该拿多少就拿多少，没有必要照顾和平衡；如经理人输掉，按合同来，不违犯合同的前提下，在后来的比赛中一视同仁，调增调减都是自然。只有这样，企业才能充满活力地跨越青春期。

⑧创建激情文化。作为组织必须持续构建激情文化。什么叫激情？就是全心、全力、全情投入做事，且要持续满怀激情地做事。青春期企业就是要千方百计创建激情文化，让每个成员始终充满激情，并在8小时内外都充满激情。

3

如何识别圈子的性质

圈子就是人们常说的非正式组织。第一，这是正常存在的，没有圈子是不正常的。第二，圈子对组织有时有积极的作用，有些问题组织不好解决，利用圈子里的关键人物就容易解决。第三，圈子有时有极大的破坏作用，这要看圈子的性质。

什么是良性圈子？

无论是职业经理人还是元老们，在建立圈子的时候一定把握好度，把这个度放在良性范围内：第一，放在情感需要的范围之内。寂寞、烦恼时可以说说心里话。第二，放在爱好需要之内。业余时间下下围棋，喝喝酒，聊聊赛事等。第三，放在认知层面内。都爱好讨论国家大事，都关心环保，关心动物世界，这是共同的认知需要。第四，解决生活问题的需要。如孩子上学、家人看病等。第五，信息适度过滤。

凡影响到组织及工作的信息都不能过滤掉，应如实汇报。否则，圈子就开始向非良性化方向发展，就会开始异化。比如说圈子参与者的违纪问题，人品问题，如果你也过滤掉了，你这个小圈子就是异化的圈子，属于非良性圈子。

什么是恶性圈子？

恶性圈子一般都会有越界行为发生，甚至越界成了习惯。表现在以下五个方面。第一，违纪层面。比如说员工之间相互代打卡，这就是违纪。今天员工没有出勤，办私事去了，作为上司和他感情近，你证明他今天出去拜访客户了，这就是弄虚作假，违纪越界，拿着公司工资干个人事，就是谋私利。第二，违法层面。损公肥私，结成利益链条，主要是利用职务之便侵占组织利益，通过非正式组织的利益链条输送，进了自留地。第三，道德层面。阳奉阴违，名顺实抗，表面很支持公司，实际自己下面带领着组织成员不干正事，或者干抗拒组织的事，这就属于人品有问题。第四，政治层面。带领小圈子成员，公然抵抗和叫板组织。第五，两性层面。俗话讲，兔子不吃窝边草。吃窝边草又叫性圈子文化，影响太坏。吃窝边草不是正常的谈恋爱，而是窝边草和兔子的共同爱好，一拍即合的问题。双方谋求的都是个人利益，但利用的都是组织资源，破坏力极强，任何组织都是不允许的。

有些圈子虽不侵害组织利益，但也必须清除——利益冲突类：与组织争利益者，或影响到组织中其他组织利益，影响到公平竞争者；文化冲突类：文化导向明显与企业组织文化差异大，甚至冲突者。

那么，青春期企业里的老板、元老、经理人该如何在恶性圈子的侵扰下长袖善舞，从而破解恶性圈子的难题呢？

4

如何破解"恶性圈子"

用法治代替人治

企业在前面十多年的发展过程中,为了生存、为了抢占市场,可能用了很多灵活机动的战术,很多情况下都是老板说了算,结果大家都成了习惯,一切听老板的。随着队伍的壮大,老板说了算逐渐就变成了上司说了算,因为很多员工接触不到老板了。从老板说了算到上司说了算的过程中,很多上司对老板说的理解不一样,或者说按着自己的利益方向诠释老板的话,基层员工也不知道老板说了什么,只能听上司的。就这样,上司代替了老板。结果,老板一句话就会有多种不同的版本和理解,一个指令变得五花八门,活还没干就走样了。

唯一的解决办法就是用法治代替人治。法治就是公开摆到桌面上形成了制度条文,大家都按条文制度执行,而不能按某某说的来做。流程、制度、监督等都要有明确的东西,大家都按照写出来的条文去做,干什么都要拿条文规章制度来对照。如果没有制度,就要制定制度。比如说轮岗,要清清楚楚规定多少年一轮。如果没有这种规定,大家会认为公司的轮岗调整是老板的人治。季度考核和年度考核,都要写得清清楚楚,否则,正常的考核都会被有人理解为整人的手段。法治是公司的行为,不是老板个人的行为。法治并不影响老板个人的权威,相反还能让老板从无数的、烦人的是非堆里脱出身来。企业的发展过程，就是从老板一人干，到老板一人说了算，到老板一人说了不算，到多数人说了算的过程。

注重知识管理、IT系统建设

很多元老之所以日常工作行为地盘化、圈子化，老板也奈何不得，是因为这些企业的知识管理没做好，没做到位。也就是让某些利益圈子截留了重要信息，关键信息公司不知道，制造信息不对称。公司又担心这些掌握核心信息的人若走了，或不好好干，因此对这些关键权位的人一味迁就。久而久之，这些关键岗位上的关键信息越来越屏蔽，公司完全依赖于关键岗位员工的个人主观报告，结果企业越来越依赖于这些关键岗位的人。对这些关键岗位的人依赖越重，其人性当中恶的因素一旦启动，会带来越大负面影响。比如谋取私利，建立个人圈子对抗组织利益。而到这种时候，再解决就很困难，非得有壮士断腕的精神不可，因为这些作恶的东西一般是不可逆的。一些企业在信息化过程中，空降的信息化老总不断遭到威胁、诬陷，其原因就是信息化让一切公开透明，老板全知道了，不仅斩断了未来的利益链条，甚至原来的既得利益也有可能暴露出来。

因此，企业必须从知识管理系统建设入手。信息化是解决信息流的，企业日常的经营工作中所有的流，比如工作流、现金流、人事流统统都可以变成信息流在信息化系统中流动。企业员工的工作不能有任何信息缺失，必须忠实记录，不记录工作就无法开展。对于青春期企业做这项工作虽然有些晚，但也必须做，以完全制度化来做这件事，让一切信息都在系统上流动起来，不能有任何例外。

建立轮岗机制

轮岗机制是解决小圈子的有效办法，很多元老就是轮岗轮出问题的，屁股一离开马桶臭味就出来了。轮岗其实是人治，公司应该出台制度，把轮岗变成法治，规定某某岗位任职时间多长，中间效益下滑到什么程度必须离岗等。这也是青春期企业必须采取的办法。轮岗可以打破圈子，重组圈子，不能让圈子长期地盘化，影响扩大化。另外，轮岗和调岗相结合。这方面企业应该掌握充分的信息，防止轮岗后让圈子的利益更紧密，盗取公司利益更方便。所以，轮岗时应伴随着调岗，对关键岗位上的人进行调整，以达到阻断圈子利益输送的目的。

低调保护空降经理人

青春期企业引进经理人是打破圈子的好办法，但要慎重操作，不然适得其反。企业发展到了青春期，企业里的能人都基本显露出来，素质、利益、相互的认同度都完全结构化了，圈子也都形成了，没有外部力量很难打破内部的均衡结构。既然打不破，圈子就会走向恶化。因此，必须引进空降经理人，用空降经理人来打破原有的力量和结构均衡。但很多老板对职业经理人期望过高，或使用不当，造成职业经理人出师未捷身先死。初次引进职业经理人，正确的使用方法就是先有一个相对低调的保护期，比如给一个董事长助理或总裁助理的角色，放在身边观察上两三个月，不给具体的实质工作，这样做一是老板和经理人之间有个相互熟悉和了解,二是让经理人对企业情况有个了解,三是给经理人和元老之间也有一个认识熟悉的过程。在这两三个月观察使用的过程中,有意地安排空降经理人接触些实质性但可进退的项目性工作,看经理人的情商如何,如何与不同圈子里的人打交道,然后就知道该怎么安排实职和工作内容了。当然,习惯使用了职业经理人的公司,完全不必这样做,按照常规使用职业经理人即可。青春期企业要想突破,一个重要的标志就是引进和使用职业经理人已成为习惯。

建设主流企业文化

很多小圈子的建立,起初都是因为企业宣贯不到位,主流文化贯彻不彻底。员工招聘进来后,或员工遇到困难后,没有人解决。员工在精神上无助,最后很快和周围同样需求的人结合在一起,甚至被有些人利用,日积月累,这些圈子就越聚越大。圈子力量足够大时就可以和组织对抗,谋取私利。所以,企业文化建设应制度化、常态化,去除纯业务主导型思想,应该把企业主流的精神文化贯穿到每一个员工当中,尤其新员工中和问题员工中去。对公司的重要活动,老板的重要讲话,公司的重要决策,年度会议精神,重要事件的意义等,组织宣讲团深入到组织中去认真宣讲。主流文化不占主导地位,圈子文化就必然占据主导地位。

很多企业只对员工进行忠诚化教育,而不进行职业化教育。这样做的结果,是员工只知道本企业,而不知道企业以外的东西。只知道忠诚,而不知道职业化包含的除忠诚以外的更多东西。职场人应该忠诚于职业,而不仅仅忠诚于企业。只要忠诚于职业,就一定会忠诚于企业,就会在乎自己的职业声誉,爱护自己的声誉,就不会办越轨的事情。完全职业化的人一定清楚,他是受雇于整个职场,而不是受雇于某个企业,一旦越界,将来必然在职场中付出代价。

5

青春期企业的"动感三国演义"

老板最怕经理人不行动

老板花高薪请职业经理人,就是来解决问题的。而经理人的现实处境是什么情况呢?经理人空降到一个陌生的环境,人生地不熟,处于弱势状态,唯一能做的就是先观察、学习、适应,看准了才行动。成熟的职业经理人空降后就是按这个思路操作的。而这个过程大概需要三个月到半年,因而行动也多发生在半年以后。

可老板们不这么想。尤其是初次引进职业经理人的老板,以及感性的老板、性子急的老板,想的却往往是这些事:

如何快速收回成本?——经理人空降后,不行动、不出成绩,如何收回花在寻找经理人和经理人本身的费用?我花费了比给元老们高很多的薪酬(不仅仅是年薪,还包括配套费用)及相关费用(猎头费、招待费等),甚至花费了很多的情感(如三请诸葛的诚意)和关系资源(托关系朋友介绍)才请来个职业经理人,当然是期望着早出成绩，出大成绩。于是经理人一入职，老板们就催促经理人快速行动，耐性好的老板至多也就忍耐三个月。三个月过去，不见经理人有动静，老板就急了，催促经理人动，快速动、大胆动，甚至逼迫经理人行动。最骇人的就是要求经理人大胆裁员。经理人拗不过老板，开始行动，但结果可想而知。

如何看出你有真本事？——花了这么多钱请来的经理人，究竟水平咋样？人品咋样？经理人若始终不行动，老板就无法测试出来。如果半年多了还没行动，老板心更毛了，究竟是藏而不露，还是肚里就没有货？要是藏而不露还好说，等关键时刻露出水平也行；要是没有水平不就白发工资了吗？所以老板会催促经理人早行动、快行动，就怕不行动。

如何镇抚元老？——老板引进职业经理人还有一种作用，就是希望借此来刺激元老的奋斗精神和引领元老奋斗。如果经理人不行动，不仅刺激不了元老，也无法引领元老们前进，同时还担心元老们看笑话和闹情绪。花费高薪，呆了半年还没有做出成绩，元老们必然非议、抱怨、心有不平，自然就会影响工作，甚至撂挑子不干，影响公司业务。

元老最讨厌有改动

因循守旧是元老们的最爱。元老们不仅讨厌经理人有改动，也讨厌老板有改动。元老们讨厌改动除了人的天性懒惰外，同时很多事情是元老们前期干出来的，包含着元老们的智慧、经验和感情，若要改动，元老们会认为是对自己的否定，情感上接受不了，所以讨厌改动。同时，只要改动就会或多或少改变元老们的利益结构，那么，把利益看得太重的元老们必然就会反击。

经理人最担心老板不敢动

经理人入职前一般都和老板沟通了很多。当时老板谈了很多战略构想和管理变革，但等到入职后，这些构想和变革却往往不是一朝就能实施和实现的。而这些，又和经理人要完成的任务和实现自身的职业目标紧密相联。因此如果老板催促经理人完成任务，而他自己却投鼠忌器下不了决心实施变革，那一切结局可想而知。所以，经理人最担心老板不敢动。

萧墙内的三国逆动战争

老板引进经理人的目的就是为了打破现状，引领公司向前发展。经理人空降企业目的也是为了完成老板赋予的阶段性任务，同时也是为了实现自己职业发展的阶段性目标。如果不打破现状，谈何实现？所以，无论老板和经理人都是希望打破现状、突破僵局，无论是大改还是小改，总是要改动的。而这与元老们讨厌改动是直接冲突的。所以，在引进经理人的事情上，如果老板没有提前与元老们沟通到位，那么心眼小的元老就会认为这是冲自己来的。

经理人空降企业要实现老板的战略构想和管理变革，首先冲击的往往就是企业元老的利益。为此，元老们会群起反击，至于反击的方式有明有暗，有直接有间接，总之要阻止变革，维持原状。

在元老们反击过程中，如果经理人情商不够，或能力水平不足慑服元老，元老们是不买账的，更何况元老们掌握着天时、地利、人和等几乎所有的资源要素，处于绝对优势地位，反击起来可以有力、有节，再有一个元老派的核心人物领军，那么经理人的变革可想而知会遭遇多大的阻力。

而且，元老们会非常熟悉老板的套路和打法：如果老板是稳扎稳打风格特质的，当经理人上来一有改动，元老们就开始嚼舌头，向老板分析利弊，无限扩展；如果老板是性子急的和感性者，元老们当面不反对，不直接抗击，躲过老板的锋芒，然后暗中使劲、设局、瞅准机会，抓住把柄，攻击经理人。攻击的手段无非就是说经理人工作态度不积极，工作方法粗暴简单，违犯公司制度，另加职业操守、男女关系等问题。大多是捕风捉影，但有时经理人也会被捉住把柄，而这把柄有些是真实的，有些是断章取义甚至故意设局而来。而经理人初来乍到，反正说不清。

在元老们的激烈反对声中和反击行动中，老板首先担心企业利益受损，同时也对经理人的一些做法和犯的错误心存不满，渐渐地对经理人的能力水平、职业操守信心不足，于是老板对原来和经理人谈的一些管理变革的目标实现就不再充满信心，甚至反思引进的经理人是否是企业真正需要的人。渐渐地，老板就不敢动了，这就叫投鼠忌器。

经理人满怀信心加盟企业，在老板拍胸脯支持变革的鼓动下，在老板快速行动的逼迫下，经理人开始行动了。但行动既会招致疾风暴雨般的直接反击，也会招致看不见摸不着的恶语中伤。老板在投鼠忌器的心态支配下，在求稳策略指导下，就放缓了推进管理变革。而元老们照样我行我素，该干什么干什么。于是企业在维持现状中运行，老板至少目前不敢动了。但是经理人空降到企业都是有阶段性任务和目标的，担心时间节点到后，完不成老板交代的任务，怕老板借机怪罪自己，年薪中绩效部分拿不到，同时自己阶段性的职业目标也无法实现。于是起急，就去和老板沟通。而老板一般是不予正面回答，或劝说不要着急，一步一步来。如果是性子急的经理人，这时就直接走了；如果性缓沉稳者，则是一边观察一边准备撤退。

值得注意的是，很少有经理人能和性格稳健的老板同步变革。因为老板做企业的目标是十年、二十年，甚至终生，而经理人大多都是阶段性目标，经理人熬不起。因此，经理人观察一段就退却了。如果能与性格稳健的老板同步，那这样的经理人就算修炼到家了。有很多老板会说：经理人都急功近利，不能和企业同成长共发展。可如经理人真像老板所期待的，那他就不是经理人，自己就变成了老板和元老了。

其实谁都输不起

通过上面对老板、经理人、元老三方的分析，我们可以清楚地看到他们的分歧点在哪里，根本冲突点在什么地方，斗争的过程、手段都有哪些。

老板引进职业经理人是有其明确目的和目标的，但由于老板、经理人和元老三者之间在此事上的利益诉求不一致，尤其是动了元老们的奶酪，包括未来的上升空间，导致元老和经理人、老板之间的逆动。

老板输了什么？老板和经理人之间本来的阶段性目标是一致性的，但由于元老的抵抗以及老板与经理人之间步调不一致，使经理人和老板之间最终也出现逆动。结果只有一个，经理人离职走人。老板花费高薪、情感及资源引进的职业经理人，由于未能和元老有效联动，结果目的没有达到，甚至会留下一个千疮百孔的烂摊子。这种情况下，一般经理人都是怀着怨恨离开，随后在职场上传播企业的不是。元老从此心里也多了个心眼儿，原来老板也在想法找人替代自己，同时也积累了反击职业经理人的斗争经验。当然老板最初引进的目标未能实现，还可能带来其他结果：在这场逆动当中，也会有按捺不住的元老离职出走，加入竞争对手行列或直接创业，这对企业将是比较大的损失和直接打击。

元老输了什么？元老派在这场逆动当中，应该是阻碍因素，是利益受损者也是受害者。尽管也许出于本能保护自己而挤兑经理人，尽管他们能把职业经理人打得落花流水，自己可以笑傲山头，巩固地盘，维护自身利益，但这都是暂时的。首先，在老板看来，你不仅能力不够，而且心胸不够，更是阻碍企业发展的羁绊，早晚这个问题得解决。再者，企业都有破产的可能，特别是当经济不景气背景下，或者行业面临新政策、新技术洗牌的情况下，破产的可能性更大。如果元老们阻碍过大时，企业发展寸步难行，其结果是企业玩完，要么自灭，要么被并购，而他们还不到退休年龄，必将被迫职业经理人化。但从职业经理人的角度看，这些人太土，太重视个人利益，当有一天他们走向市场时，市场名誉已然受损。

经理人输了什么？经理人在这场逆动当中，没有完成阶段性任务，当然也没有实现自己的阶段性职业目标，甚至影响到整个人生职业目标的实现。岁月蹉跎后，在雇主那里是个败笔，在元老那里又被耻笑。

由上可知，三方其实都输不起。只是因为三方各有误区。经理人进入前，老板觉得经理人万能，经理人认为老板说了算，元老觉得自己的资历最重要，自己的贡献最大。三方若不能实现联动，那么一段时间后，必然会出现老板觉得经理人无能，经理人觉得老板不敢动，也不给自己授权让自己行动；元老们觉得胜利了，心想经理人早该滚蛋的局面。

6

经理人与元老如何双赢联动

在青春期企业里，老板、经理人和元老三者之间是否注定水火不容？其实并非如此，三者也有共生之道，那就是联动。如果能够联动，企业发展的目标实现了，老板的想法落地了，经理人阶段性任务完成了，职业目标达到了，元老们也跟随着企业一同成长了，那何乐而不为？

但要实现联动，每个角色都应当克服一些思维窠臼。

经理人应为三方联动做些什么

通过前面分析，我们发现：职业经理人在青春期企业实现三方联动过程中，看似是被动角色，其实也是主动角色；看似不重要，其实很重要；看似受害者，其实有时也是麻烦制造者。因此，经理人不能仅仅把联动的成败归结为老板和元老。因为毕竟是经理人进入后，一石激起了千层浪。

①选择适合的舞台。经理人在选择舞台时，应选择与自己文化相匹配的企业，与企业阶段性需求能力相匹配的企业。这两点看起来容易，但要做到很难。

首先是文化选择。文化选择要考虑两个方面：首先，与老板风格是否匹配？因为入职以后主要是与老板打交道。即使不与老板打交道，也要与老板类似风格的人打交道。行事风格差别太大时，进入后会很麻烦。因为你不可能改变老板，而改变自己的风格也需要一个过程。其次，与自己原先企业文化风格跨度是否太大？企业文化的风格应该是与老板有关的，但也不仅仅是老板。我们推荐一位长期在外企工作的人选到国企去，仅OFFER谈判就费了不少口舌。因为外企、国企、民企三者的文化是有很大差异的。外企是一切都讲清楚才做；民企是你先做了再说；国企是进来后先观察一段后，认为可用了再给你派重要事情做，做完事以后再说。企业引进经理人都有明确的阶段性能力需求，如果自己能够承担这项工作再进入；如果没有信心和能力，就不要仅冲着职务和薪水贸然进入。

②全盘学习，学教相长。入职后，经理人一定要先观察学习。向老板学习，也要向元老学习。只有抱着学习的心态，你才能快速地和大家融合在一起。任何一家企业发展到青春期，能有实力引进职业经理人，都有可称道的地方，只是老板和元老已经无力把企业引向更高的阶段。经理人要想干成事，首先应该学习企业的历史。不学历史，就不知道企业的现在是怎么来的，也就不知道企业该如何奔向未来。因此要态度谦逊、诚恳，真正塌下心来观察学习请教，这样无论是老板和元老都会认真给你讲解。千万不要以师者自居，千万不要嘲笑老板和元老们的做法土，千万不要动辄拿你过往的大企业和名企业做法类比，千万不要把元老当作敌人对待，要在肯定他们做法好的部分基础上，再告诉和演示更好的办法，让元老们一看就懂，一学就会。这样你就循序渐进地和大家融合在了一起。就这样，从向

老板和元老学习起步，然后悄无声息地成为老板和元老的教练，大家教学相长，很快经理人和老板以及元老就能融合在一起。

③看准了才行动。当经理人和老板以及元老们融合在一起后，大家才会真正告诉你企业问题的症结所在，你再从专业的角度判断问题的症结在哪里，抓住自己有把握做好且容易被大家接受认可的事情，形成自己切实可行的操作方案，并就自己的方案在实践中通过观察和模拟，反复确认其可行性。总之，看准了再行动。不要有个想法就找老板谈，结果老板几句话就把你问住了。

④与老板和元老一起行动。当自己看准了，且有了切实可行的方案后，瞅准机会先和老板沟通，让老板就你的方案提出具体的建议意见，把老板的意见融进来。这样就把老板拉进了你的方案中。另外，就可能涉及到的关键元老要时常请教，让元老发表见解，把元老的意见和主张也融进方案中来。当涉及各个元老操作的环节都征求完后，再和老板沟通上会。在会上，你要告诉大家：某某环节是某某元老的意见，整个方案是老板拍板定的。这时这个方案就变成了老板和元老一同参与的方案了，然后你来操作执行。这样的方案正常情况下是会成功的，因为你让老板和元老一起行动了。这样，作为空降经理人的你，就基本打胜了入职后的第一仗。

⑤功劳归大家。当你打完一仗，有所成就后，老板和元老们心里自然有数。老板会认为你有本事、有水平，会很快给你派新的活儿，这时你能否继续获得元老们的支持？有一个关键点就是分功。第一场战役打下来，取得了成绩，一定不要贪功，应该把功劳归功于老板和元老，尤其参与意见和战斗工作的元老。你这一让功，大家更敬佩你。如果你抢他们的功，当你继续

新的战役时，很有可能大家就不配合你了。这一点必须心里明白，而且也必须真的这样做：在老板面前要肯定老板的领导和元老们的支持，在大家面前更要肯定元老们的功劳，甚至可以鼓动老板开一个庆功表彰会，即使是口头表扬也行，肯定元老们在第一场战役中的贡献。这样做，就算真正巩固住了你的第一场战役。时间长了，大家就会乐于接受你的领导和指挥，渐渐地你就由最初和元老一起行动，变成了协调指挥元老们一起行动。

元老们应为三方联动做些什么

从天性、能力和利益角度分析，似乎元老们是企业发展的最大障碍。其实未必尽然。

从感情和主观愿望上来讲，元老们也都希望企业继续做大做强，以增强自身的自豪感和成就感。所以元老们并不反对企业做大做强，而是出于懒惰天性和过时能力与主观愿望及情感的矛盾之中。元老们也不是不想引进职业经理人，而是希望将引进的职业经理人置于自己的领导之下。但老板不这么想：你自己水平都不够，还能领导别人？

那么，元老们如何在老板引进职业经理人后，实现联动呢？

①正确认知自己。元老们在企业干久了，甚至是和老板一路走来，应该认知到自己确实有惰性，这是天性。没有外力，我们很难战胜天性，而能力也确实有瓶颈。如果你在一家企业呆上五年，你曾经拥有的过人能力也差不多与企业同步了。要想使企业做大做强，必须有外部更专业的先进力量进来打破平衡，才能推进企业发展。而在企业未来发展壮大的过程中，自己拥有的优势就是对企业的认知和了解，对企业的情感和对老板的

忠诚。

②分析老板为什么要引进职业经理人。只有理解了老板引进职业经理人的目的，才能正确找出应对方法。如果想与企业共同成长和发展，就应该像老板那样思考问题。虽然你达不到老板的水平，但思考问题的角度可以像老板。

③像老板那样对待职业经理人。职业经理人进入企业后，由于处于弱势地位，元老们应主动帮助职业经理人熟悉和了解环境，支持经理人开展工作。如果经理人是块料，正好为企业发展做出应有的贡献。如果不是块料，自然干一段时间就会被淘汰掉，自己也没必要去阻碍经理人的发展。同时，应包容新进经理人的错误，及时帮助经理人改正错误，而不是嘲笑经理人出丑，甚至故意设置陷阱，让经理人出错。

④积极向经理人学习。企业引进职业经理人后，元老们除了支持经理人开展工作外，还应主动向经理人学习。企业费了很大气力引进的职业经理人肯定有优于自己的地方，应学习经理人的专业长处和职业化程度，无论经理人是你的上级、同级还是下级。

⑤主动配合老板完成经理人进退。经理人能进就能出。无论是经理人主动辞职，还是被企业开掉，无论是干了三个月还是干了三年，经理人总有退出的时候。作为元老，应该正确看待这个问题，不要为经理人的退出而否定经理人或不使用经理人。经理人就是为完成企业某一阶段性任务，而这段任务刚好自己能干且刚好与自己的职业发展匹配。当这些完成后，职业经理人自然要退出。所以，经理人退出时留下的短暂权力空隙和管理空白，你要及时补上，主动替老板分担困扰。

⑥放下一己之私。私心谁都有，但在引进职业经理人这件

事情上，一定要放下一己之私。企业不是你的，你为了一己之私，搞地盘，捞取个人利益，老板最烦的就是这个。毕竟企业也有你的一部分，元老的情感和贡献都融进了企业，企业有了壮大的未来，你的未来才更广阔。为了企业的未来和自己的未来，请放下一己之私，与经理人和老板协同战斗。

7

驾驭经理人与元老之十诫

企业不管规模多大，不管空降经理人和元老多牛，真正最具决定性的角色显然还是老板。而在企业青春期，最想求变求新，最忌惮风险，最多重人格的也是老板。那么，实现在青春期企业和经理人及元老三方良性联动，老板责无旁贷。但是，很多老板只是一腔热血、一厢情愿，最后一筹莫展，而未必懂得自己要遵循的规律和要规避的戒条。

如果老板们能做到以下这十条，乃是青春期企业之大幸。

①引进匹配的经理人。

老板主要考虑以下两点：一是引进职业经理人的能力水平要与企业发展阶段相适应。很多企业老板在初次引进职业经理人时往往"高消费"，一定要引进知名企业的大牌经理人。这纯粹是一厢情愿。其实正常引进经理人的标准是高一个档次就可以，比如说：你的企业有20亿的销售规模，引进一个有过把企业从20亿做到50亿经历的经理人就可以。二是引进的职业经理人文化风格要匹配。与企业文化风格偏离太大的，千万不要引进，进来之后麻烦很大。经理人进来不是和老板一个人共事的，而是要和所有员工一起奋斗的。老板引进的是职业经理人，就必须符合职业经理人的特征。有些老板沿袭创业时期销售型思维模式，拿业务代表的标准来引进职业经理人；更有的拿老板的标准来引进职业经理人。这两种标准是招不到合适的职业经理人的。

②进人要用专业机构。

在引进职业经理人过程中，靠朋友介绍也可以，但最好用专业的机构来操作。尤其做到一定规模后，超越了老板原先的社会关系圈子资源时，必须由专业服务机构，包括专业的猎头机构，专业的背调机构，专业的人才测评机构。请不要相信什么生辰八字不合、属相不合、面相不合等江湖术士的忽悠。

③先有大致清晰的开价。

能说清楚的尽量说清楚，不能说清楚的就不要说。比如薪酬结构、合同年限等要说清楚。再比如说股份，不能确定就不要明确说有，可以说可能有。很多经理人和老板闹矛盾，就是由最初承诺不能兑现，或双方对某句话的理解不一样造成的。比如说，干满三年拿2%的股份：在经理人来看，只要干满3年就应该给股份；但在老板看来，要拿到2%股份，3年只是必要条件，还有业绩等其他条件。但青春期民企在引进职业经理人时，往往由于这些业绩条件说不清楚，因此就不说或没强调，模糊不清，最后闹起矛盾来。

④明白怎样真正爱护经理人。

老板引进经理人常犯的错误是高调，目的是炫耀：我们引进了什么背景的人，引进的谁等等。还有的是拿经理人对元老进行鞭策。比如经理人刚做了一件什么事情,就大肆表扬。一上来就拿经理人和元老对比,等于制造对立情绪。正确的做法应该是:低调引进,低调度过试用期。甚至在试用期内可以轻度批评职业经理人,以引起元老们的同情,同时背后要做好经理人的安抚工作。这反而有利于为职业经理人创造相对宽松的环境。

⑤喜新不厌旧。

老板在引进经理人后,往往有个蜜月期。蜜月期内,老板和经理人交往甚密,往往疏远元老。而元老本来对经理人进来就排斥,而引进后老板与经理人沟通多,无意中疏远元老,元老就更加排斥经理人了。因此,引进经理人后对经理人和元老要做到等距离,让元老感觉至少在形式上同过去相比没有距离感和疏远感。

⑥制造经理人和元老的非正式互动。

有些老板在引进经理人后,经理人和元老的碰面除了工作还是工作,除了开会还是开会。而只要是工作和开会,就容易产生矛盾冲突。所以作为老板,应主动创造工作以外的机会,让经理人和元老们相互接触,比如一起用餐,一起搞些娱乐游戏活动,组织一定层面上的旅游,包括健身等。在创造这些活动的时候,让经理人和元老有单独相处的时间,让他们之间多交流沟通,找到更多的共鸣和共同之处。在安排工作以外交流互动的同时,也进行有效的工作交流互动,并有意识地引导良性互动。这样快速加深经理人和元老之间的交流。

⑦持续招聘经理人。

青春期企业都处在快速发展时期,引进职业经理人不要大跃进,但可以多批次,每批次少量引进职业经理人,把引进职业经理人作为企业的常态机制。当然,前提是企业真需要那么多的职业经理人。这样经理人和元老就分不太清了,而且经理人的比重越来越大,元老们的比重越来越小,比重结构发生了改变,性质就会跟着改变。某些成功走出青春期的企业,大多都是沿袭这一路子:每年多批次地引进职业经理人,甚至备用一批职业经理人。这对元老和其他经理人都是一种很好的约束和激励。当然这样成本很高,不过相比经理人和元老之间的逆动内耗,成本就要小得多。

⑧跑道就是用来竞赛的。

无论是元老还是职业经理人,都要有明确的业绩目标,完不成,拿下。企业里千万不要有特殊员工,否则企业就搞死了。也许你曾跑过多次的百米赛冠军,但每年必须和新的经理人一样赛跑,且同一标准,跑不好就拿下,不能有照顾分。要休息就一边休息去,不能占着跑道休息。老板的责任就是把元老和经理人放在同一起跑线上,用同一标准来竞赛,淘汰掉队、跑得慢的和不尽心尽力跑的,并惩罚那些不遵守规则、暗中使坏的。

⑨文化熏陶要天天有。

无论多么牛气的职业经理人,入职后都要接受文化培训,且定期接受文化培训。老板要让企业文化深入到每一位员工的工作理念及日常行为之中。这一点非常重要。每一个企业之所以存续,关键是要有明确的文化定位。而这个文化不是由老板决定的,是由老板带领的全体员工为市场中某一客户群体提供最优质服务所必需的理念和行为规范。这就是企业文化的生命力。企业适应市场,才能生存下来;员工适应企业文化,员工才能生存下来。企业的市场环境发生了变化,企业文化必须跟着改变。包括经理人和元老,都不能例外。

⑩分配方式要多样化。

分配是最难的一件事情。青春期企业有了一定经济基础，可以运用多种分配杠杆来做好分配工作。经理人也许很能干，但新引进的经理人毕竟还没有做出过贡献，这时可以对过往有过贡献的元老分配上进行适当倾斜，让元老们心理上适度平衡。这样的话，既能安抚元老，也能刺激经理人。当第二年赛完后根据赛的结果进行奖励，就应该一视同仁。至于分配形式，可以多种多样，可以是当期，也可以是中期，还可以是长期的。奖励的形式也可以多种多样。有实的，也有虚的；有确定的，也有不确定的。

8

下马威：青春期企业的致命毒瘤

我在前面曾讲过青春期企业的特征中包括："虽还没成年，但企业里已有元老；虽属性是企业，但已有了官僚；虽还没有稳固的市场，但内部已有了稳固的地盘；虽急需补充新鲜血液，但内部却十分惧变；虽内部矛盾重重，但围剿空降兵却惊人地协同；老板既要呵护新人，又要安慰老人。"于是，青春期企业在引进空降经理人时往往会出现最令人不齿的厚黑学斗争手段：下马威。

何为下马威？它是"下马作威"的简称，原指官吏初到任时对下属显示的威风。很显然，下马威是几千年封建社会丑陋的官场毒瘤，同时也是中国青春期企业难以避免的一个历史顽疾。

如何破解这一命门呢？

空降兵给元老使下马威

在经理人、元老、老板三者的三角关系中，最直接的博弈就是在接触伊始给对方一个"下马威"。下面就是一位空降经理人如何使用下马威的。

2007年，我遇到一位没过三个月试用期的空降经理人。我们俩共同分析其败因，他列出了三条，其中一条就是：上任之初对元老部下发了一通狠话，大意是：我比你们都专业，你们得听我的，不听我的如何如何。大有顺我者昌、逆我者亡的架势。结果这些话后来陆续都变着味儿地传到了老板那里。

我问："看你很平和的，而且在外企也工作了十多年，怎么会讲出这些话呢？"他说："推荐我的那位猎头顾问当时就是这样辅导我的——你不了解民企，上任之初一定要强硬起来，镇住大家，不然会受欺负的。我就照他说的做了……"

我问："那位猎头顾问什么背景？"他回答："年龄有50多岁吧，好像在部队、政府、国企都工作过。"我说："怪不得他这样辅导你。"

后来我偶然与和他共事不到三个月的老板聊起了这位候选人。

老板对这位经理人评价了三条："一是聪明且勤奋；二是专业有工作套路；三是特别狠。那为什么没让过试用期？我担心他一旦得势，会把我原来辛苦培养起来的那些元老骨干们全给干掉，再说大家也都反对他。"

我说："你怎么判断出他特别狠？"他说："他表面看起来很温和，其实背着我和下属交流时说话狠着呢，是骨子里的狠。"

其实，这位经理人真的不狠，我又跟踪了他后面的一家单位，那里的元老们反映他对部下很好，很善良，也愿意给大家分享经验。所以他在后来的那家单位工作了五六年。看来没过试用期的原因，就是他上任之初给元老部下们的"下马威"。而始作俑者就是那位在官场混久了的猎头顾问。

市场化企业里空降经理人毕竟不同于军队、政府、国企的下派干部有后台，敢硬，即使没什么真本事，也敢作威作福，下属轻易不敢反抗，因为反抗派来的干部就是反抗更大的领导，甚至反抗整个组织，所以只有忍气吞声。而空降经理人是市场化的产物，是靠自己的专业本事和职业操守立身，所以要下马威，只能把自己耍走。

经理人耍不起下马威，可元老们却把下马威这一套玩得精彩至极，目标主要对准空降经理人。

元老给空降兵使下马威

这些元老可能是空降经理人的下级，也可能是同级或是上级。下马威的主要形式有以下八种。

藐视。当空降经理人上任之初召集开会时，迟到、懒懒散散，举止傲慢，说话漫不经心，言行之中流露出瞧不起。

奚落。不正面回答问题，故意耍俏皮、逗闷子，引得大家哄堂大笑，明显耍弄人。

起哄。遇到公众场合发言或遇到困难时，故意把矛盾的焦点引到空降经理人身上，让经理人提出解决方案，令经理人当众出丑。甚至在半正式活动中，比如在公司聚餐会上煽动众人一起来敬酒或让空降经理人表演节目。

刁难。空降经理人上任之初，什么信息都没有，就请他去处理前线疑难问题，把死客户、烂单子塞给他，甚至串通铁杆供应商或客户故意刁难。

顶撞。讨论问题时，经理人只要一说话，他们就明显带着情绪反对，公然投反对票，激烈时当庭言语顶撞。

威胁。如果元老是下属，公然撂挑子不干，以辞职相威胁。如果是同级："这事我干不了，谁有本事谁干。"当然还有直接语言威胁的："咱走着瞧。"

暗箭。空降经理人正在开会、部署任务，或正在带领大家做事情，告状信就断章取义、添油加醋地飞到了老板那里。老板也许过来"关心"经理人了，也许不分青红皂白，劈头盖脸把经理人一通臭骂，让经理人丈二和尚摸不着头脑。你知道有人暗中使坏，但不知道谁在使坏，害得你不得不和老板费半天口舌。

造谣。空降经理人也许正干得起劲，也没有得罪谁，但公司内部关于你过去的故事已经传扬开来，而这些大多涉及你的职业操守问题（包括男女关系问题），你也不知道哪里跑来的风和影。于是大家看你的眼光都不对，你还无处解释。当然，也有通过发短信、邮件等恶作剧来威胁的，你更不知道主谋是谁。

元老给老板使下马威

面对空降经理人的到来，元老们使出的下马威有时也冲着老板来，目的是让老板辞退经理人，主要表现形式如下。

消极怠工。在私下或公开场合甚至当着老板的面发牢骚、说怪话，影响士气，动摇军心，工作漫不经心，表现出无所谓的架势。

抗拒工作。拒领老板分派的任务：与某某（指空降经理人）

一起做，我不干。尤其是任务涉及元老自己掌握的核心技术或资源时，更是抗拒，大有"离了我，看您怎么办"的架势。

结党营私。阴结主要供应商或客户，捞取个人好处。空降经理人的到来，有时元老们为了和老板斗气，会诱发小圈子公然谋取私利。

作恶买好。指使手下心腹闹离职或罢工且必须请自己出来收场。

辞职威胁。因为抱着消极的态度，所以工作任务完不成，老板一批评，顺口就说出不干了，以达到以退为进的目的。

泡病事假。斗争深入下去，很多与老板一同打天下的元老就借口事假或生病擅自休息，泡起了病号。老板往往也奈何不得。

如果元老是家族成员，表现得会更直接。有一个家族企业，姊妹五六个人分管不同的工作，老父亲年事已高退居二线，老大主持公司全面工作。有一次开会讨论引进经理人的事情，有支持、有反对，其中持反对意见的老二说："谁要把经理人引进来，我就把经理人从窗户扔到大街上！"老三也说："看我怎么把经理人的腿打断！"结果此事只好搁置，后来公司分了家。

为什么会出现下马威？这些都是封建专制时代，一些官员走马上任之初在信息不对称的情况下，对不听话的下属采取的必要措施。不这样，难以镇住台面，容易出现乱子。当然，对于占尽天时、地利、人和的地方官吏，面对上级派来的官员，也采用下马威的手段，震慑初到的新官，不得肆意妄为，以便他们继续干坏事。总之，官员们都以会给对方使下马威的方式展示自己的威力。即使现今的官场，新任官员与原属地官员之间采用下马威的方式也司空见惯。这是集权体制下人性自私的集中反映，为的是保护既有利益不受侵犯。

在市场化企业里，面对企业内部的集权体制和原有地盘的利益，面对初来乍到的经理人，大家往往不约而同地要使用沿袭了几千年的下马威手段。但这些手段确实危害很大，因为这都是人治的体现。不解决这个问题，青春期企业将陷入无休止的人治斗争，产生巨大内耗。而空降经理人本是来做事的，结果却陷入了人事斗争：要么担心被整，主动离职；要么被整惨落荒而逃；要么被迫卷入斗争，发挥过往斗争经验或潜在的斗争能力，同化为好斗分子。

可这样的话，企业成了斗争阵地，谁还花心思搞研发、生产、销售和服务？这等于自废武功，何谈青春期突围？

9

保持狼性

大自然讲求进化，而职场却盛行退化，特别是随着企业的不断壮大，职场上激情四射的狼很容易退化成优雅自满的猫。

2012年11月上旬，百度CEO李彦宏给公司全员发了一封公开信，提出"鼓励狼性，淘汰小资"。作为市场环境下成长起来的百度，谷歌退出后失去了竞争对手，实现了垄断，垄断后的百度走到今天，内部就是一架完完全全的官僚机器，用户投诉无门，比官僚还官僚。而百度这种市场化企业，垄断必然导致企业内部丧失活力，一旦市场技术环境发生变化，不仅会失去垄断优势，内部的小资情调和官僚腐败还会导致企业崩塌。

这正是一位有远见的 CEO 必须考虑的战略问题。

其实，何止百度，青春企业综合征有一症就是：全员激情不在，焦虑同时麻木。怎么办？就是创建激情文化，让企业全员充满狼的激情，把大企业做得像小企业一样富有活力。只有这样，企业才能实现青春期突围。

你是狼，还是猫？

狼的特征是什么？第一，狼在贪婪吃肉时耳朵机警地听着两公里以外的动静；第二，狼在贪婪吃肉时眼睛警觉地看着四周；第三，狼是吞肉，不愿意细嚼慢咽，这是抢时间；第四，敢冒风险；第五，灵活机动。

进一步引申，狼性共有五方面：第一，两性：一是创造性，二是进攻性；第二，两全：一是全力做事，二是全员战斗；第三，两忘：一是忘我，二是忘掉敌人强大，敢于向强大的敌人进攻；第四，两淘：淘汰弱者，淘汰叛者；第五，两重：一是重自立，二是重谋略。

与狼性对应的是小资情调，而与小资相对应的动物是猫。猫有四个特点：第一，爱美，猫经常洗脸，爱自我打扮；第二，细嚼慢咽，我们经常用猫食形容吃的东西少而精；第三，猫走的姿势很优雅；第四，猫连睡姿也优雅，原因是在做美梦。

以猫为图腾的小资特性也有五方面：第一，价值导向是消费文化；第二，生活方式讲究情调，悠然自得；第三，自我满足，追求不高，奋斗动力不强；第四，晒太阳，做美梦；第五，顾影自怜，比上不足，比下有余。

谁需要狼，谁喜欢猫？

企业历经创立、成长、做大、垄断这四个阶段，分别需要和吸引着不同特质的人。这些不同特质体现在风险观和价值观两方面。

创立阶段。狼性是创业者最重要的特征，小资绝不可能创业成功。半年前，一个朋友开始创业。最近我问他在干吗，他说打高尔夫、睡觉和搓麻将。这就是小资生活，全无狼性。创业阶段，企业除了有限的人力资源外什么都没有，所以只有有共同狼性特征的人凝聚在一起才能创业成功。从风险角度讲，这些人追求的是高风险。这些人的价值观是什么呢？"这企业是我做起来的。""这品牌是我创立的。"敢冒风险和高成就感，是一种很可贵的创业气质。

成长阶段。企业还必须靠狼性来成长。经理人最乐于加盟成长型企业。为什么？这可以从经理人的风险观和价值观来找到答案。经理人追求的是中风险，即风险和收益兼顾：既考虑工作稳定性，也考虑职业风险性，还考虑收入稳定性，除了60万元固定薪酬，还希望要一些风险性收益：股票。经理人这时的成就感来自："这个企业做起来有我的贡献"，"企业IPO上市是我做的"，"我参与了企业的人力资源管控、财务体系搭建或营销体系、企业品牌建设的建立。企业虽然不是我创立的，但其中有部分是我的贡献"。

做大阶段。当企业规模做到行业领导者地位时，企业将会吸引这样的一批人：追求低风险，有稳定的收入，其价值观以"我是公司一员我自豪"为特征。这不同于职业经理人，自豪于"企业某一部分是我做的"，更不同于创业老板自豪于"江山是我打下的"，只要是其中一员他们就满足了。

垄断阶段。企业发展到垄断阶段会吸引到一批追求没有风险且收益有保障者，这批人还自豪于没有任何投入就有收益的快感。这种人是以在组织内部得到的多而自豪，追求的是分配领域的收获。垄断阶段企业吸引到的大多是以没有任何风险而自豪于获取更多收益的员工。这与前面三个阶段截然不同。

可见，企业发展阶段不同，将吸引到不同风险观和价值观者进入，同时也将淘汰和过滤掉不同风险观和价值观者。而企业走到青春期，恰恰是原有激情开始明显衰退，而企业又更需要激情来突破瓶颈的时刻。因此这时引进的经理人，能否具有狼性并保持狼性，便成为其能否顺利在像华为、阿里、万达等追求狼性的企业获得职业腾飞的重要基础。

经理人如何保持狼性？

第一，经理人本身就应具有狼性，富有激情。因为经理人大多都是从体制内主动走出来或不愿进体制的人。而激情是企业保持强大的必备品质，只是不同阶段有细微的差异。创立阶段，需要老板的狼性，需要的是高风险、高成就感的人；企业成长阶段，更需要经理人的狼性和激情，不然企业就很难做大；企业做大了，更需要狼性和激情，不然企业只是大，而不是强大；企业垄断了，还需要狼性和激情，不然垄断企业就成了僵尸，没有任何活力。

第二，经理人要找到能够展现自己狼性和激情的舞台。如果一个舞台很成熟，很中庸，企业文化很理性，缺乏创新动因，建议经理人就不要去了。

第三，不要总想做"企业人"。在职业成就曲线达到抛物线后半球之前，不要总想自己成为求稳的"企业人"，一定要保持职业经理人狼性和激情。每一位经理人的职业成就曲线都是一条抛物线，在达到抛物线顶点后，还有一顶部区域，这时一定不要试图做一个企业人，而应凭着固有的狼性驰骋职场，凭激情奔走职场。

第四，及时转做教练员。在职业生涯走过了职业抛物线的后半球、进入衰退阶段时,要及时转换频道成为教练员,再到咨询公司、培训公司、猎头公司,成为另一个跑道上的冠军,这时才可以试图成为企业人。因为虽然经理人大多还想成为职业人,但没有机会了,只有转型。不过即使成为企业人,仍需要激情投入,方能干到退休。

第五,求稳意味着衰退。作为职业经理人,如果有一天你开始讨厌流动和变化,追求稳定,缺乏激情,意味着你心累了,你的狼性在逐渐失去,你的职业生涯也将步入下降通道。

10

怎样安全雇用CFO

民营企业的财务负责人绝大多数都是"自己人",可企业到了青春期,规模大了,需要战略型财务,需要财务规划等,原来跟随自己打天下的财务总,大多只是记记账,远远阻碍了企业的发展和成长,于是老板就开始引进CFO。然而,在这个职位上,老板的那个难熬,很长时间过不了关。因为民企的CFO确实难做。

其实,民企CFO难做的背后,是企业的生态环境太差。好的环境能把坏人变好,坏的环境能把好人变坏。那么在如此差的生态环境中,民营企业该如何安全雇佣CFO?如何才能防止CFO变坏?关键是企业能否为CFO营造内部的健康小环境。

屏蔽"病毒",把关聘任

要安全雇佣CFO,首先是把好聘任关。

内部提拔的CFO,看似可靠,也不见得不出事,而出事往往就是因为内部环境不健康。这些人在提拔为CFO之前也许就染上了"病毒",也许是提拔后染上的"病毒"。只不过老板不知道罢了——因为该"病毒"有可能老板也是"携带者";环境被污染了,内部人谁也发现不了,甚至认为这是正确的。另外,内部提拔还有可能面临多方利益的均衡和斗争,使CFO一上任就肩负着某一方的利益,所以很难公正办事。CFO也许本不想参与,但争斗的环境整天搞得他无法专业合法地做事,最后一不小心被动地卷入了派系斗争甚至违法的陷阱。怎么办?有的就干脆一不做、二不休,步步深入,开始罪恶地攫取个人利益,给企业带来狠命的打击。所以,如果内部环境不健康,最好外聘CFO。

而外部招聘的CFO,也可能携带着"病毒"。CFO进来前复杂而跨度大的从业经历,谁能保证他没有感染"病毒"呢?仅凭面试感觉,肯定不行,只能靠职业背景调查。我曾专门在《中外管理》撰文"职业背景调查兜出经理人的底儿",指出:如果企业自己做调查,很多都是面上的活儿,深层次的内容大家都不说,或经过"包装后"再说。不要看平日同事之间的攻击和咒骂,但等到正儿八经接受背景调查时又都不说了。而真正的职业背景调查,是让背景调查不像调查,大家只是在闲聊。只有在扯闲话中才能真正调查出一个人的真实评价。

有一次,我们费尽千辛万苦了解一个人,动用了很多熟人朋友都没有调查出来,这些朋友都只点到为止。然而有一天无意中碰上了一位半熟不熟的朋友，大家云里雾里闲扯，一会儿便了解清楚了目标人选的严重问题——啊，原来如此，怪不得其他几位朋友话里有话、点到为止呢！由此应明白，在做职业背景调查时，如果接受调查的人谈起目标人选话里有话，或点到为止不说了，那目标人选肯定有严重问题。有时被访人对目标人选不做正面评价，或语气不肯定，闪烁其词。如有两个以上人都对目标人选有这样评价时，目标人选也不咋地。对于专业能力突出和人品也很好者，一般情况下被访者都是语气十分肯定，用词十分饱满。

让CFO有文化认同感

很多企业尤其成长型的中等规模的企业，CFO往往不参加。为什么CFO不参加员工培训，人力资源部说不清，老板说不清，CFO自己也说不清。其实CFO和财务人员同样需要接受企业培训。企业培训无非就是两大内容：一是企业文化，二是专业技能。而企业文化，CFO及财务人员应该也必须接受培训。然而，成长型企业的CFO及财务人员往往独立于其他体系之外，不接受人力资源管理，只接受老板管理，这是危险的做法。

为什么会造成这种局面？因为企业发展过程有以下三个阶段。创业初期——这时候谁赚钱谁就是最牛的，于是营销总监最牛，财务总监并不牛。当企业做到一定规模的时候——进入了成长期，理财就显得特别重要，既要节省成本，又要投融资，处理各种外围关系，此时CFO决定着企业的利润，于是就成了最牛的一位老总。营销总监虽然依然重要，但业务模式成熟了，团队成熟了，替代性就强了，也就不牛了。等企业规模继续扩大成为综合性集团公司，发展到几万人甚至几十万人时，财务管理模式也相对成熟和固定，CFO的替代性也就比较强，而人的管理，尤其管理层的管理就成为第一要务，此时HRD就最牛了。因为一个老总出问题，损失就是数亿、数十亿，甚至毁灭企业。所以，企业外聘CFO，往往就发生在企业初具规模、业务模式趋于成熟时。此时的CFO是最牛的老总，在企业内部谁都惹不起，而这时候的HRD是最弱势受气的老总，因此便有了CFO不接受培训的现象。如果老板能认识到这一点，就应该要求CFO去主动接受企业文化培训，了解、认同公司的文化，和其他员工团结在一起，就不会形成狭封闭的财务小圈子，这对企业的和谐发展有很大的帮助。相反，整天只有财务数据，只和老板沟通，时间长了会养成狭隘甚至扭曲的心理，遇到问题一个人闷想，不与其他人沟通交流，结果就特别容易走极端。所以，处于成长期企业的CFO必须接受企业文化的培训。但现实是，很多企业的CFO独立于其他老总，除了老板以外，谁的账都不买，没有制衡和监督。这样的CFO如果自控能力不强，牛过头儿了，个人私欲膨胀了，就连老板的账也不买了，其结果必然是和老板翻脸。我还是那句话，企业不能有特殊员工，否则出事是必然的。

创造没机会犯错的环境

企业在发展过程中必然有很多不规范的事情，但企业要维持日常健康的运营又必须规范管理，这对儿矛盾如何解决呢？就是必须分割不规范内容。如果企业没上市，就应该设一个老板的财务秘书，专门处理老板的财务，不太规范的事情全部由他处理；如果企业规模很大了，可以设立财务公司专门处理，而企业正常运转部分必须规范，老板也必须遵守财务管理制度。

如果是上市公司，更应该把不规范的部分和规范的部分区别开来。一旦区分开来，这些规范的部分进入独立健康的公司，企业就有条件也必须制定完善的制度流程规范，任何人都必须遵守。这样 CFO 就不会接触到不规范的信息，对 CFO 本人是一种职业保护。如果 CFO 长期在规范健康的环境里工作，心灵自然健康，不会有邪念产生，工作也心安理得。我经常接触一些 CFO，他们最大的愿望就是希望找一家不做假账的规范公司。所以老板要想安全雇佣 CFO，就请您为 CFO 创造一个安全的财务工作环境。他们安全了，企业才能安全。他们不接触不健康的信息，也就不会要挟企业了。

内外同"审"，进行体检

企业做到一定规模时，为了防止内部腐败，要有一套常设审计机构，所有老总以及核心岗位员工的日常业务活动都置于经常的监督和管控之下，形成制度和流程，让大家习以为常。当老总们离职时给予常规离任审计，这对职业经理人是一种非常必要的职业健康保护，使任何人都没有犯错误的可能。尤其 CFO 这样敏感的岗位，可以走得坦然，而不会有任何的心理负担，也不会自说自清，自己解释半天。我提议市场上应该普及推行离任审计证明制度，对全社会安全雇佣 CFO 大有帮助。企业在发挥自己日常审计检查系统功能的同时，也可以每年聘请外部的专业审计机构，对企业内部进行专业审计，这叫企业健康体检。这样也就有人对企业内部的审计检查系统进行监督和检查了，从而确保企业监督检查不留死角。当然，前提是企业自信能够经得起审计。

巧设薪酬，促进CFO轮岗

CFO是一门专业活儿，要轮到其他非财务岗位是一件难事。那么在企业内部能否轮岗呢？如果业务规模较大，或业务单元比较多，完全可以设立多个独立的公司，当然也就会需要多个CFO，而CFO之间可以轮换岗，这样可避免一位CFO在同一岗位上工作时间太长。而控股集团CFO级别的设置也不要太高，免得和下属集团之间有上下级关系。如果确有上下级关系，应该把下属二级集团CFO的绩效工资设置得高一些，这样控股集团的CFO即使到了二级集团收入也并不少，甚至还多，就不会轮不动。所以很多大集团都有多个CFO的岗位，之间虽有隶属关系和管理关系，但级别关系不明显，薪酬差别不明显，效果也非常好。中等规模的企业也可以尝试操作，当然小企业就没有必要折腾了。

替补CFO随时候任

这样做，不要认为仅仅是对人的不信任，而是企业必要的风险防范措施。就像美国的副总统，也许四年没有任何用处，但永远都备着。只要总统有意外发生，副总统立即替补。企业也一样，应该有预备CFO，防止意外风险。尤其正在成长的中等规模企业就更应如此。真正高水平的CFO，大多都在知名品牌企业，很少有乱七八糟的事情。倒是有一些水平不上不下的CFO，会靠些非职业的手段搞些小动作，不能正确认知自己，容易自高自大，容易出事。对有这些倾向的CFO，更应该有替补队员，使之永远翘不起尾巴来。也许这对中等规模的企业来说，成本比较高，但如果你没有可靠的CFO，最好花费些成本，来预防不成熟的CFO突然撂挑子不干，或自认为了不起要挟涨薪等事情发生。

妥善安全替换CFO

俗话讲："请神容易送神难"。企业里最难替换的就是CFO，尤其是不太规范、具备一定规模的企业CFO。请一位或提拔一位CFO容易，但要辞退一位CFO可是大难事。稍有不慎，就会给企业带来巨大的损失。曾有一个规模企业因操作不慎，给企业带来了近千万的损失。因为被请走的CFO躲在后面，每个月让税务查一次。每查一次，罚款百万！最后罚得老板只好又把那位CFO请了回来！所以对CFO的离任，最好是妥善处理，安全离职。企业让CFO离职采用的办法有很多，比如：提拔为总裁助理，或提拔为副总经理，然后让新CFO直接向老板汇报工作。当然，这种办法因人而异。如果CFO在财务体系的关系不是特别根深，完全可以这样操作；如果CFO在财务体系从基层一步步干上来，有很深的根基，斩不断理还乱，本人又不愿意提升到高管岗位纯做管理，最好不用这一招。因为这种办法不仅阻断不了CFO的财务信息源，而且又进入核心决策层，反而知道了更多的经营信息。如果要请走CFO，则要给予很多铺垫，允许其外部找工作。当其找到工作后，他自己会主动离职的，此时就比较省事了。如要操作得更艺术些，最好委托猎头公司帮CFO找工作。这分两种情况：一是在CFO知晓的情况下，老板找猎头公司帮助找工作，CFO会很感激，这样对顺利交接工作很有帮助，大家都很透明。另外一种情况是老板暗中委托猎头公司帮助把CFO猎走，这样老板也能把握整体进度。等事情进展得差不多了，再找新CFO来接替工作。等CFO找到工作提出辞呈后，新CFO再上任，然后给原CEO开一个隆重的欢送会，从而皆大欢喜。

11

青春期企业如何选领袖

初创公司要独裁，公众组织要民主，青春期企业怎么办？掌舵这样的公司，如何领导内部合伙人？又如何驾驭外部合伙人？

首先，选领袖。

俗话讲，家有千口，主事一人。企业选好了合伙人，一定选一名能带领大家前行的领导者。如果平均股权和决策权，做公益可以，但做企业不行。做生意，一定要确保有一人有一票否决权。老板与别人最大的不同之处在于：只有他是原点决策，其他人都是过程决策。所以，创业早期决策最好搞一言堂。

青春期企业决策，仍应坚持民主集中制原则。因为青春期企业很多问题亟待突破，必须有一位善于决断的领袖完成原点决策。很多企业在青春期阶段由于股权分散，或股东构成比较复杂，掺杂了很多非资本的因素，利益诉求方比较多，有了民主，但很多事情议而不决，左右摇摆，无人决策，或决策无效，导致企业长期徘徊，最终破产。所以，企业到了问题多多的青春期，一定要坚持民主集中制。

其次，完成领袖产生机制。创业初期企业的最高原则是活下来，而青春期企业最高原则明显不同，既要完成突围，同时要完成领袖产生机制。

领袖产生机制最好在青春期就完成，给大家一个明确的信息，不然谁都惦记，而且不按规则出牌，企业就会陷入政治斗争的漩涡。有些企业在老板的个人风险发生后，由于没有领袖产生机制，纷争不断，企业就会陷入危局。这一点，太多的民营企业都交了昂贵的学费。青春期过后，很多创业者都上了一定年龄，要保证企业长治久安，也必须在自己还不老时，建立一整套的领袖产生机制及退出机制，以确保企业能够产生优秀的领导者，及时清退不优秀者。

领袖产生机制不仅要保证企业正常前行，还要保证不近亲繁殖。这是对创业领袖胸怀和责任意识的检验，也是智慧的体现。既然你创造了一个公司，走出了创业期和成长期，就应当有责任和义务让企业走得更远，这也是老板的社会责任。因为有太多的客户等着你提供服务，有太多的员工需要企业这个平台。

如何统帅元老合伙人

作为合伙创业中的领导者，虽然职责是带领大家走最正确的路，但在创业路上，往往会走错路。要有勇气试错，错试多了，正路就走出来了。

企业处于青春期阶段，往往面临着突围方向的争论，每个合伙人会有很多想法，尤其是核心成员。作为合伙人的头，如果不能与大家一起说服另有想法的核心成员，就面临分家的危险。怎么办？

无论是创业或是处于青春期，有时明知是错误的路，也得带着大家走。等把错误的路走过了，就自然会回到正确的路上。虽然交了昂贵的学费，但保住了创业团队，也是成功。尤其企业处在青春期阶段，由于利益纠葛比较多，部分关键合伙人提出了一条道路，虽然老板明知是错误的，但为了顾全大局，只要保住企业生存底线，也不妨让大家在错误的道路上走一会儿。把错误的道路走过了，心净了，也就无话可说了。走错误的路也是成功之路的必要成本。

如何运筹合伙经理人

企业没有元老，就没有历史；仅有元老，一定没有未来；若要未来，必须拥抱职业经理人。企业为了发展，尤其是到了青春期，会成批次引进经理人，这些经理人在很大程度上就是后进入的合伙人。因为没有经理人，企业就无法突破和前行，所以，称之为合伙经理人。合伙经理人合的是人力资本。为了吸引这些合伙经理人，企业必须用一定的薪酬激励手段把企业与经理人的利益捆绑在一起，实际上就是把新人和老人捆绑在一起，至少捆绑一定的时间。

新进经理人也许远比创业元老优秀，但由于对企业历史不了解，对企业曾经做出贡献而跟不上企业发展的元老没有感情。于是有些做法表面看上去正确无比，但企业领袖一定要有清醒的认识：企业存在的价值远不是经理人所追求的那些看似正确无比的价值。有了清醒的认识，还要有平衡的技巧：既要呵护经理人不断推动组织变革，又要维护元老的利益，让企业在走钢丝般的平衡中小心翼翼地前进，万不可偏袒任何一方。

我从2003年进入猎头行业以来，目睹了太多的企业由于引进和使用经理人不当，给企业带来了巨大的冲击和伤害，也给老板带来了情感伤害。老板作为企业的领袖，一定要持续不断地尝试引进合伙经理人，同时让新进的合伙经理人协同元老前行。

常规的做法，一是持续引进适合企业不同发展阶段的职业经理人。经理人不是引进一个或一批就够了，而是随着企业发展，要不断引进适应新阶段的职业经理人。二是引进经理人后，要保护性使用职业经理人；让经理人尝试性做事，逐步积累战功，取得元老认可，让经理人和元老之间逐步建立起信任和情感。三是引进经理人后，老板要恰当地抑制元老的倚老卖老、居功自傲、排斥挤兑经理人的做法，而不是让经理人与元老捉对厮杀。如果是后者，必然导致元老与经理人之间互相伤害。元老与经理人之间的伤害持续久了，会导致以下三种恶果：首先是元老们对经理人的恐惧和仇视及丑化，只要是后进经理人，不管三七二十一，统统地绞杀；其次是市场上的经理人再也没有人愿意与你合伙了，你的雇主品牌就砸了；再次是猎头也不愿意为你服务了，引进职业经理人的渠道没了。我见过不少老板欲借经理人之手砍杀那些自己想杀，而又碍于情面杀不掉的元老，这招看似聪明，实则隐患无穷。

个人投资者适合做什么

在企业发展过程中，有些个人投资者携带着资本和资源加盟进来，占有一定股份，这在青春期阶段更普遍。对这些加盟合伙人，一定要先了解充分，规定明确的权力、责任和义务及退出机制。同时，最好是让其做些外围辅助工作，更有利于企业的发展。因为这些人一般都是老板的朋友，靠友情维持关系，没有参与创业过程，半途加盟，对企业了解一些但不全面，深度也不够。一旦引进来，一半是糊涂、一半是明白，始终处于糊涂和明白的状态之中。而且他们对企业创业的艰辛只停留在知道，而没有体验。没有参与最初创业者，永远难以理解创业的艰辛和超乎想象的付出。一旦携带资金和资源进入后，对自己那点资金和资源的投资看得比较重，同时又有很多辛苦的体力、精力、情感、人脉及时间付出，一旦短期内得不到心理预期的回报，必然产生落差和抱怨，于是矛盾就爆发了。本来是很好的朋友，其结果是友情没有了，甚至由怨而恨。

引进机构合伙人，一定当心

机构合伙人大概有四类：财务投资者、战略投资者、产业投资者、混合投资者。引进机构合伙人是一件非常重大的事情，一定要清楚机构合伙人的性质，明确引进这类机构合伙人的目的。就怕自己不清楚对方的真实性质和目的，尤其是自己的初衷与对方的目的不一致。引进机构合伙人最难办的就是混合投资者，比如李宁公司引进的私募基金 TPG，就是混合投资者。战略投资者一般只派董事，不参与企业的日常运营管理，而 TGP 虽说是战略投资者，却深度参与企业的日常经营管理，导致企业持续不断的人事地震，带来的后果大家都看到了。创业者和机构投资者对企业的感情是不一样的，目的也是不一样的，当然采取的方式也是不一样的，其结果自然也不一样。引进机构投资者后，与创始人的恩怨情仇大戏每天都在上演，且都没有重复的。结婚不容易，而离婚一般都要脱层皮。

12

青春期合伙人的分家危机

此处谈的合伙人不是法律上承担无限责任合伙制企业的合伙人,而是泛指一起合伙创业的人,因此与我们都有关系,与我们内心的痛都有关系。

电影《中国合伙人》的热映,诱发了人们对合伙人的热议。相比西方,为什么中国式合伙人多以散伙告终?为什么企业到了青春期,更容易分家?

典型性青春期分家

这事儿说起来很闹心。当初几个铁哥们儿,或父子、夫妻、兄弟姐妹一起合伙创业,可谓历经九死一生,度过了艰苦创业生存期、快速发展成长期、生机勃勃少年期。十二三年过去了,好不容易进入青春期,要命的问题却跟着来了。于是,我们耳熟能详的分家故事,就不断在身边上演,比如 W 公司。

W 公司于 1995 年注册,最初合伙创业的主要成员有三人,领头的是 M 先生,另两位是 M 先生的弟弟和一位发小 K 先生。公司刚开始做建材生意,几年后随着房地产市场发展,生意越做越大,2002 年增加了家具生产生意,再后来又增加了房地产开发、酒店、餐饮等业务。2007 年,虽然公司员工已有三四千人,年销售额也有 20 多个亿,但内部还是兄弟文化,管理靠能人 +

情感。由于没有统一的战略、文化和集团管控，公司内部各种山头林立，圈子利益彼此纠结。三位创始人也非常想解决这个问题，但由于发展头十年只是一门心思做生意，忽视管理，等想解决了却已积重难返。且三人大有桃园结义之情怀，宁舍江山，不伤兄弟情义，尤其领头的 M 先生更是每每不好意思说丑话。

积累的结果，虽然生意看起来还不错，但问题已堆积如山。2008 年遭遇经济寒冬，公司经营状况一落千丈，高层一筹莫展，全员士气低落。于是隐藏的问题相继爆发。先是为筹备上市引进的职业经理人陆续离职，此后是几位元老离职，干了十年左右的骨干员工不少也都纷纷随元老或经理人离去，还有的干脆创业去了。糟糕的是，2009 年的下半年，合伙创业的 K 先生提出了承包分治模式：自己负责的 1/3 建材市场（这是核心生意），单独核算。这实际上是分家单干。M 先生虽和弟弟与 K 先生进行了多次沟通，但还是没挡住分家。因为 K 先生已在长期的管理纷争中把利润分流出去了，同时截流了采购通路、客户市场，因此 K 先生实际已经能够独立经营了。没办法，M 先生只得同意，同时置换了股份。对亏损企业，股份除了债务外，已无实质意义。

更想不到的是，K 先生分离出去后，老板的弟弟也提出分治。M 先生带弟弟创业时，弟弟还没有结婚。在哥哥的带领下，弟弟一路征战，立下了汗马功劳，当然也顺道迎娶了公司美丽、能干的公关部女经理为妻。过去哥哥比较倚重弟弟，很多事都是弟弟来办，如今弟弟提出分治单干，哥哥也很无奈。于是 2010 年年底，弟弟分得了家具和酒店业务。弟弟本来准备大干，可山头文化和分家文化已融进了公司的血液，2012 年弟弟和弟媳妇也分家并离婚了。弟媳妇又分得了酒店、餐饮。

两个创始人先后分家后，M先生留给自己的是剩余的建材市场和房地产开发业务，但房地产一直没开发起来而最后舍弃，只得坚守最初起家的建材生意。生意还算可以，但规模已缩减到七八个亿，员工队伍不足千人，同时还面临着分家出去的K先生的持续侵扰。这在分家造成情感伤害的基础上可谓雪上加霜，而弟弟分家单干更对M先生的精神是巨大打击，足足一年多才缓过劲来。三人合伙创业梦，最终灰飞烟灭。

其实，许多青春期企业，即便还没有分家，所谓的"合"也只是形式，合伙人之间最初朴素的情感、道义、做事的逻辑，都逐渐被私利或小圈子、自留地的利益分流所消磨侵蚀，道德早已成了说教别人的棍棒。于是坦诚少了，纷争多了。而纷争表面上是为了企业，但细琢磨，渐渐带有利益倾向和政治游戏，未来滑向分家在所难免。即便夫妻店，有的甚至做到了上市，也挡不住分家和离婚。有不少夫妻店在分家前四五年，婚姻已名存实亡，只因孩子还小。

合久必分的深层次原因

看罢故事和其背后近似的发展路径，我们都会陷入思考和困惑。人们普遍会认为，合伙人容易散伙的原因是当今中国缺乏所谓"合伙人精神"，比如：包容、欣赏、互补、平等、坦诚、守信、妥协。但这只是表象，而其根本原因如下：

其一，中国社会是基于绵延了几千年的封建宗法圈层式结构，所以最初合伙做事时，大家合的是相互了解、情感，基于做成事情的逻辑、精神、道义，这时物质利益也还没产生。等企业到了青春期，有足够的物质利益了，合伙人的精神世界却没有根本性质变，这就容易在物质文明面前迷失。而现代企业是基于西方资本契约文明，适于捆绑式人际社会结构（区别于圈层式）。试想，基于圈层社会结构的基础，却承载着现代捆绑式的商业文明，合在一起能不纠结和痛苦吗？

其二，这个转型的时代，转得太快了。尤其是1980年以前出生的人，成长年代与今天完全是天壤之别的两个社会。改革开放前，物质世界是越穷越光荣（消灭资本），瞧不起生意人，而发展到今天已形成了资本至上的商业文明；精神世界也从完全服从、为人民服务，变成了追求个性独立，精神自由。所以，"80前"运行的是旧有的精神软件，而现实世界是完全升级版的硬件设备。面对着巨变的物质世界，人的精神世界却很难改变，即使被现实世界的"橡皮"擦去了，最初的印痕仍在。可以说，我们还来不及融入商业文明，我们的价值理念、精神世界、行为习惯根本还不知道如何尊重商业时代的主导者——资本。但以资本为核心的商业社会又确确实实渗透到了社会的每一个细胞。两者势同水火。所以，没有改变的人，或者改变程度不一样与已经改变的人都有可能合不来，导致分家。

因此，生活在今天这个转型时代的中国人，大多数都处在精神和物质二元对立分裂的状态，几乎每个阶层的人，都不幸福和不快乐。这种分裂导致的不痛快，也导致事业很难持续稳定发展，没有极高的修养、见识和定力，就很难长久合作下去。

那么怎样规避分家之痛呢？

如何避免因危机而分家

青春期企业虽然度过了创业期的艰难，但却更加错不起，也栽不起。

应对创业期危机,主要靠创业者个人或几个合伙人。但到了青春期,企业的规模、品牌及有关方面的积累达到一定程度,肩负了很大的社会责任,有太多的社会关联和社会影响,因此不允许犯颠覆性的错误。

虽然在青春期企业里,都设立了貌似预防风险的机构,但应对危机的机制及系统其实还很薄弱。一旦危机爆发,应对不及时,会造成非常大的负面影响。尤其在互联网高度发达,自媒体诞生、媒体传播泛滥的时代,稍微一犹豫或不慎,就会造成颠覆性的损失,让企业陷入致命的危机。

关键还是人。青春期的合伙创业者,已经不是最初创业时的合伙创业者。这时,大家都积累了一定的财富及资源,且积累了一定的创业能力,组织内部也有相对明确的分工,部分利益团体已然形成,更何况年龄至少也步入了中年,创业者的心态和需求都发生了很大的变化。因此,一旦出现颠覆性的危机,合伙人之间很有可能相互埋怨,互相指责,推诿责任,导致不信任加剧,这样就由具体的事件危机演变为创业合伙人的分家危机,企业就有可能四分五裂。

企业到了青春期为什么还没有建立健全的应对危机的机制和系统呢?企业创业前四五年,是解决生存问题;而五到十年,主要解决成长问题;十年到十四五年,重点解决跨区域、跨行业规模化发展问题。虽然在过程中企业开始注重内部的管理问题,包括风险防范问题、应对危机的机制问题,但还远远没有提到最重要的议事日程上。因此,应对危机机制虽有提及,但没有真正地建立应对危机的机制及系统。所以,在青春期企业发展的阶段就必须要建立应对危机的应变机制和系统。

再次强调，成功的滴滴叫车、共享单车等共享经济商业机构例外，这些都是资本＋移动互联网模式，是由很成功的大老板、投资人团队、丰沛的资源、精英创业团队组成，这些商业机构不是一般的初次创业团队所能攀比的。一般初创的创业老板，必须经过长期的商业磨炼积累，才能成为真正合格的老板。

随着企业规模的扩大，管理层级的增多，管理半径的加长，问题信息的传递失真度就会提高，一些小事就很有可能变成大事，甚至大祸。这主要是基于企业长期积累的激励机制、考核机制、个人或局部利益、责任心等出了问题，导致有些基层一线信息看似很不起眼，而被压制或失真传递，长期积累造成了灾难性危机。

比如，近年来因航班延误屡屡发生暴力冲突。按理说，飞机延误是很常见的事情，但为什么却闹成了大事？就是因为有关工作人员要么不理睬，要么敷衍应付，要么编造谎话，对乘客的情绪不安抚疏导，反而激化了矛盾，导致危机的爆发，进而媒体声讨。好在这些大型航空公司都是国有的，有恃无恐；但如果事发航空公司都是民营企业的话，就会带来更大的麻烦和危机。曾经知名的民营企业三株、秦池等企业便是突发危机后未能及时有效处理，导致了企业一蹶不振的命运。

那么，如何建立危机应变机制？

既然危机的发生不可避免，对突如其来的危机，企业就要有一整套的应变机制，在危机发生的第一时间启动危机应变机制，确保企业安全渡过危机。

第一，从生死的高度去认识。企业规模越大，应变起来越困难，创业者对组织的影响力越有限。因此，必须从根本上认识到提升整个组织面对危机的应变能力才是解决危机的根本。千万不要以为，应对危机是公关部的事情。这是公司整体的事情，是牵一发而动全身的。企业组织的每个毛细血管、每个细胞都有可能感染病毒，爆发癌症危机，甚至导致企业死亡。有此清醒认识，才能重视应变机制的建立，才知道如何构建危机应变系统。

第二，建立应变机制及系统。很多企业认为，危机公关是公关部的事情。其实，问题并不是从公关部来的，而往往是从距离总部最远、距离客户最近的地方来的。所以，应变系统首先应在问题产生的地方去建立信息采集点。每个可能产生问题的企业细胞组织，都应该成为企业应变系统的信息采集点。

采集点建立后，应建立信息传输的渠道，并建立不同级别的信息处理单元，规定信息传输的速度、标准。对不同级别的信息处理单元，处理信息的时间及标准都要有明确规定。信息处理后，应及时上报不同级别的组织，把原始信息及处理方案进行上报备案，以便核查调整。总部应有 24 小时值班制度，定期对信息工作会议实行奖惩机制。信息传递贵在真实，要坚决杜绝信息的失真传递、歪曲传递、过滤传递，或不传递。

第三，危机应变的速度要快。很多企业规模做大后，遇到的问题不仅是信息传输失真，更要命的是对信息的处理犹豫不决。之所以犹豫不决，是因为不同级别信息处理单元的负责人失职，或判断能力有限，或不在现场，对信息判断有误，不敢担责任等。2010 年发生在富士康的"跳楼门"事件，大家至今念念不忘，就因为前前后后拖延了很长时间，且连续不断地发生，最后逼得大老板郭台铭不得不出来道歉，但事情已经无法挽回，"血汗工厂"的烙印已深深地印在了富士康的品牌上。所以，危机应变处理的速度一定要快，要比救火的速度还快！且处理要冷静、沉着、准、狠，彻底根除。

第四，建立有效的沟通机制。仅有系统和要求还是不够的，还应该有常态、有效的沟通机制，经常培训员工。

这就像消防演练一样，不仅让员工有这种意识，更要训练有素，有效沟通。在危机发生时，如何快速判断危机信息，如何描述信息，如何准确快速传递信息，不同信息处理单元如何及时准确处理信息，总部如何准确快速下达指令，如何在混乱的情况下下达有效指令，基层员工和不同级别信息处理者在什么情况下可越级报告和越级指挥等，都要有指导性措施。

第五，防微杜渐，层层设防。危机处理的最高原则是把危机控制在发生之前。任何大的危机都是由小问题逐步演化而来的。作为危机应变机制系统，应该找到问题发生的根本原因，在问题源头上下工夫，把发生问题的根源消灭掉。如果无法消灭，应该在危机演变过程中的节点设置防火墙，层层设防，尽量把问题堵在最靠前的关口。这一点，很多西方百年老店的做法值得我们认真学习。

13

如何避免成为"中国散伙人"

要短梦，也要长梦

没有共同的目标，一定不能并肩远行。如果当初设计好了短期干什么、中期干什么、长期干什么，几个合伙创业者永远有干不完的事，就不会闹分家。我接触的很多能够做大做强的企业，就是最初想清楚了企业长期的目标，并制定了明确的中期和短期目标。有了长期远大的目标就必然会聚集一批有长远理想的合伙人，那些不认同长期目标者，必然道不同，不相为谋。

没有目标，补设目标。如果当初没有制定中长期发展目标，就应在企业发展过程中重新修订中长期发展目标，让大家都有目标认同感。尤其当企业到了青春期，企业财富和个人财富都积累到一定程度，此时再制定或修订中长期的发展战略，用新的共同目标把大家聚合起来，就有了新的物质基础。

常讲目标，与同路人远行。腾驹达猎头能从2003年创立发展至今，其中重要原因就是最初设定了中长期的远大目标，并一直凝聚着最初主要创始人。在公司走到第八个年头时，我在年度工作会上做了"腾驹达将与谁远行"的专题演讲。结果，会后就陆续有一些人分出去了。因为这些人过于关注短期利益，对企业中长期发展目标不认同，不是一路人。所以，晚分不如早分，不然矛盾会越积越多。从短期看，这些人的分离对公司是有影响的；从长期看，却减轻了公司前进的负担，避免了杂音的干扰。虽然中长期目标不能天天讲，但当企业发展遇到困境时，或关键时候，一定要用中长期目标来激励大家、凝聚大家。尤其当企业需要重大突破时，一定要讲中长期的战略目标，不然全体人员都失去了方向感。

短期目标重在激励，长期目标重在导向。仅有中长期目标还不行，假如没有短期目标，大家就会感觉长期目标虚无缥缈，就会迷茫、疲惫、丧失信心。短期目标的实现会激励大家奔向长远目标，长期目标就是由一个个短期目标的逐步实现累加的结果。

短期目标要不断调整。青春期企业在发展过程中，在保证长期目标愿景不变的情况下，要不断调整企业的短中期目标。

尤其当一个短期目标实现时，要及时设定新的短期目标。这样，让合伙创业者永远有干不完的活儿，永远充满着希望，大家就不会有闲暇无事生非地闹分家。尤其当企业处于青春期的矛盾爆发期，强调企业的长期战略目标，及时调整中期目标，设定短期目标，可以有效避免分家危机。

结伴一起往前跑

基于青春期企业的特点，针对不同合伙人的现状，要分别给予见识、精神境界和修养的提升。无论物质社会怎么变化，由于我们出生的时代局限，骨子里还都是农民。如何让农民的精神和修养跟上时代商业文明的发展，是每一个商业机构必须要深度思考的问题。

很多青春期企业合伙创业者之所以分道扬镳，是因为领头的大老板只顾自己一人奔跑，而忽略了合伙创业者，认为让大家共同发财就完事了，或者主观认为合伙创业者理所当然应该跟上企业发展步伐。这一忽略，必然结果是合伙人跟不上老板的步伐和企业发展，于是就掉队，于是大老板就发脾气，彼此矛盾越积越深，最后分道扬镳，违背了创业的初衷。这其中的主要责任在大老板。

为此，大老板应该做到三点：

一是有效地组织合伙创业者持续不断地学习新知识。尤其要学习这个时代最新的知识理念，使用新的信息传播工具，提升网络时代所需的理念、知识和工具及解决问题的办法。

二是让合伙创业者一同参与公司的深度商业活动。尤其要了解最先进的市场需求，引领大家积极参与公益活动，加强企业文化建设，提升大家的精神境界。

三是让大家走出去，开阔眼界、多长见识。尤其要避免合伙人陷入事务堆，沉浸在矛盾冲突中，囿于狭小企业的小圈子。

当然，也有的领头大老板不愿带领兄弟们前行。这种情况分三种：一是老板没有雄心壮志了；二是老板身体不行了；三是老板只想着休闲养老了。无论是哪一种原因，只要领军的大老板不愿前行，企业大多都会分崩离析。

要用机制"吐故纳新"

青春期企业要及时清退掉队者，引进新合伙人。

客观上，必然会有一部分早期的合伙创业者跟不上公司的发展，比如：理想没了，满足于"孩子、老婆、热炕头"，不愿再支持企业向中长期的战略目标迈进；比如能力上跟不上企业发展；再比如心胸狭窄，如早期梁山大王王伦，容不下组织发展过程中新的有志之士的加盟。尤其企业发展到了青春期，肯定会吸引有志之士加盟。企业发展本就应该持续引进新的战略合伙人，这些新合伙人的进入，对企业青春期突围是有突破性帮助的。

无论这三种原因的任何一种，都必须及时清除掉，不然企业就无法前行。哪怕有一位，都会影响整体的前行。于是，必须修改合伙人机制。修改合伙人机制应征得所有合伙人的同意，如果原有合伙人有不同意的，可以想方设法说服或补偿退出。让跟不上企业发展的合伙人主动有序退出，是避免分家纷争的最有效办法。

修改合伙人机制包括引进合伙人机制和合伙人退出机制，及合伙人的运营机制，而清退和引进必须有明确的可操作流程标准。

比如：引进合伙人机制，必须有明确的目标、标准、流程、形式等，避免不同的合伙人拉自己的利益朋友进来，形成利益帮派和团伙。同时要有明确的合伙人退出机制，包括退出的原因、条件、流程、形式、经济补偿、退出后的过渡期安排、竞业禁止及保密条款等，这样就把原来情感模糊的因素，用明确的机制固定下来。

尤其处于叛逆期的青春期企业，更是合伙人更迭的高峰期。因此，持续完善合伙人机制，比如进入机制、退出机制及日常运行机制是企业必修课。这些机制的持续完善，对所有合伙人既是约束，也是保护。世界上不存在没有约束的保护，也不存在没有保护的约束。

14

中国式合伙中的人和事

前面，我们分享了如何避免成为"中国散伙人"的前三个关键点：梦想组合、结伴同跑和进退机制。下面，进一步分析另两个合伙"纠结点"：找什么人？定什么规矩？

引进这五类人

引进合伙人的机制要明确。但有了机制，不等于引进合伙人时可以高枕无忧。其实重点在实际操作。无论是初创企业还是青春期企业，引进合伙人都应遵循五大原则。

选好人。一定要选心地善良的人，不要选恶人，一只老鼠屎足以坏一锅汤。这种恶人无论有多大的能耐，都不可能与之合作共事。与恶人合作，不是简单地能否做成事的问题，而是有可能带来牢狱之灾，甚至招致生命危险。经常会有一些朋友合伙做事，最后做成了死敌，被合伙人构陷，身陷囹圄。所以，选择合伙人如找到了恶人，早晚会被咬。即便这人与你有血缘关系，你也不能幸免，因为他是恶人。选心地善良者，至少会让你睡觉踏实。

选君子。君子分手时不出恶言。既然有合作，就有可能分手，因为情况每天都在变化。但无论何种原因分手，都不应该恶言相向，不然合伙创业即使赚了很多钱，也没有什么意思。如果分手出恶言或绝交者，说明此人把金钱看得比友谊更重要，那就最好不与之合伙共事。这种人因为利益翻脸是随时有可能发生的事情，尤其在企业青春期，问题多多且利益大大的时候。

选大度之人。大度人不计较。千万不要与啥都要说清楚、认死理的人一起合伙干事，因为大多数事情是说不清楚的。遇到矛盾冲突的时候，一定要有放下的洒脱精神和气度。只有与这样的人一起合伙干，才能在遇到矛盾冲突时，相互宽容和包容，求大同，存小异，才能走得远。即使分手，也能和平地分开，分开后还能是朋友。"万通六君子"分手的故事，至今还在江湖上传诵。创业合作伙伴中，如果有一个一根筋的轴人，大家不仅不能愉快合作，走不远，而且分手时很有可能分得痛彻心扉、鸡犬不宁。

选了解的人。了解到什么程度？时间标准是一年以上，最好超过三年。深度标准一定是共过事，至少一起连续战斗一年以上。经过利益分割的考验，经过一年春夏秋冬变化带来情绪变化的考验。如复星集团最初合伙创业的四人都是复旦同学，后来又引进几位，都是长期共事的；禾丰牧业集团七位合伙人中，除张铁生外，其余六位都是沈阳农业大学同学。印刷界有一家叫奇良海德的公司，就是我大学同届的三个同学一起创立的，已走过20多个春秋。大家长期相互磨合，都知道各自的行事风格、性格特点、价值理念、原则底线，这样合作起来就能规避冲突、降低风险，且容易成事。

选同类型 + 互补者。选同类型还是选互补？这个问题困扰很多人。尤其企业到了青春期，可供选择的合伙人很多。我认为，要根据企业自身的特点选择：精神相通、价值观一致、文化类同，进而能力互补、资源必需者。

这五条当中，前三条同时具备，才能保证合伙者长期并肩。精神相通，是指遇到困难时所必须坚持的心态和行为状态。腾驹达猎头的企业精神就是平和、执著、激情、超越，这是由我们所在行业特点决定的，既然选择了这个行业，就必须有这种精神，方能解决日常企业经营中遇到的问题。价值观一致，就是在共同的物质条件下，大家认为什么是最有价值的。大家都有为社会做点事的心态，才不会因为捐赠起冲突，才不会把捐赠理解为作秀。文化类同，指行为习惯。如有人秉持君子风范，有人乐于偷鸡摸狗，一定合不来。这三方面都是必要的，至于能力互补和资源必需则都是技术要素。有了前三者，后两点才会有价值。

说清这四件事

搞定了"人"，随后面临的就是这些"人"如何一起做"事"。

①讲清"合"的规则。合的时候一定要讲清楚合的资金、设备、资源、人力资本等要素的数量和质量，以及对应的股份比例，并且书面确定下来，大家共同签字确认。否则，以后会扯不清。

②讲清"分"的规则。如果分手，遵循的基本原则和底线是什么。分的原则制定好，才能避免不必要的分手，或者分手时不撕破脸。很多人合伙创业只讲合，不讲分。其实分的事情以及利益也要明确下来，共同签字确认。不然，张大中把大中电器以36.5亿元卖掉后，遭遇20多年前借给其3000元的原始"合伙人"追要7000万元的尴尬，就会再次发生。这就是当初"合"时，没说清楚"分"。等到20多年后，事态环境发生了巨大变化，心态也都跟着改变，行为也就千奇百怪了。

③讲清"角色"的规则。合伙创业，合伙人之间的角色一定讲清楚，尤其对新进合伙人更应该讲清楚。比如：开股东会时才是股东；开董事会时才是董事；日常干活时就都是经理人，就是不同层级的管理者，不同岗位上的员工。禾丰牧业的七位创始人在这方面就做得很好，所以一起走过了20多年的风风雨雨，相信还能走得更远。不然，角色混淆，每个人都拿最有利于自己利益行为的角色来说事，必然是混乱不堪。如果具体干活时却拿股东的劲，不接受当时项目经理的管理，一切正常运营和良性文化都无从谈起。

④讲清"议事"的规则。比如：什么事情需要开会，什么情况下开临时会议，什么样的事情需要在什么层面讨论，都该谁参加会议，没有参加怎么办，议题多少比例赞成算通过，等等。作为合伙创业者，无论股份多少，都应遵循这一原则，使得议程合理、程序合法、手续健全。规则要得到大家的认可，并按规则办事。如果规则需要改变，应开会讨论规则变更。什

么事授予什么样的人临时专断权。这些都提前说清楚，要透明，不要偷偷摸摸。

讲"清"，但切忌讲"细"。无论是创业初期还是青春期，游戏规则都不要太细。

创业初期，即使几个合伙人冥思苦想三年，想出来的问题都不及创业过程中遇到的实际问题的十分之一；想象到的所有可能性，都不及在实际运行中复杂程度的十分之一。如果把规则讲得太细，在创业过程中不仅不起正面作用，反而制约合伙。很多书生创业或者西化比较严重的创业者，往往过于注重规则的制定，细之又细，这纯粹是在做无用功。因为书上无论讲得多好，都远远不及现实世界的复杂；西方法治环境下的规则，在中国权力生态环境下不仅不起作用，甚至起反作用。因此，规则太细，无异作茧自缚，何谈成功突围？所以，在合伙创业时，只要把上述四方面做好即可，其他宜粗不宜细。

15

专精还是多元

多元化始终是企业创业发展过程中面临的天字号诱惑。任何组织成员，包括一名有想法的普通员工都想尝试多元化。创业期有此苗头，尤其到了青春期，企业战略发展受阻，老板也想突围，各山头的人为了巩固地盘，或为了做大做强自己的业绩，也想在自己负责的业务方向上生长一块新业务，因此多元化很可能由此而生。多元化,看似业务的问题,其实还是人的问题。所以,青春期就是解决人的问题,难熬的还是人的问题。

多元化诱惑着每一位创业者

前面讲过,创业初期应该集中全部精力,选择一点突破。集中全部的时间和精力干一件事情,全部指向你要创业的事情。用心专一地创业,做一件事,而且还要选择一个点上突破,即使服务一个客户,也要把一个客户服务好。创业期,熬过多元化的诱惑;到了青春期,仍面临着多元化的诱惑。

因为随着时间的延伸,企业经营管理各种要素的积累,包括资金、品牌、人力资源、社会资源等积累越来越多,这时该怎么办?有很多朋友、各种社会机构、利益关联方,都不时找你合作,找你开拓新的业务,创业团队内部、股东、核心团队成员都时不时在鼓噪你抓住新的机遇,寻找新的利润增长点。这样的事情发生在创业的每个阶段,只要你在创业,这样的事情几乎每天都在发生,作为创业者该怎么办?干还是不干?是专精还是多元?专精有专精成功的典范,也有失败的案例;多元化有成功的典范,也有失败的案例。成功了,当然可以说与正确决策有关,而失败了,谁能说完全是决策失误的原因,因为关联失败的千万个要素中的任何一要素都可能导致失败。

究竟该如何抉择?多元到什么程度?专精到什么程度?这个纠结就没有停止过对创业者的干扰。这也不是教科书就能讲明白的,更找不到参照体系。这完全是个案。从成功案例看,相对区域内多元化和行业内专精化容易成功。

行业内专精化容易成功

行业内专精化成功的案例有麦当劳、肯德基，可口可乐、百事可乐等，这都是在全球范围内专精成功的经典案例。国美和苏宁都是在中国家电零售市场上成功的榜样。当然也会有很多在其他相对区域内专精经营成功的事例。很多人都说美国 GE 是多元化成功的典范，其实了解 GE 发展历史的人就会知道，GE 才是专精经营的典范。GE 刚开始多元化，把企业做到了亏损的边缘，问题层出不穷，积重难返。韦尔奇走马上任后，大刀阔斧，一口气把行业砍掉了 90% 以上，保留了三大产业，结果这三大产业最后都做到了世界领域的领先水平。韦尔奇带领 GE 走出困境的案例说明了行业内专精化易于成功，尤其在全球市场上更是如此。

区域内多元化易形成区域垄断

我曾接触过这样一位老板，他在一地级内市开展 20 多种行业，且在很多领域都搞得很成功，比如搞房地产，在全国根本算不上什么，前 200 名都进不去，但在他那个地级城市，绝对的龙头老大，而且在能源、交通等四五个领域都做到了第一。当然，我也见过在一县级城市做到绝对第一者，几乎涵盖了这个县城的全部工业企业的三分之一，占据了房地产市场绝对份额，尤其是商业地产 80% 的份额。随着业务经营能力的提升，这个老板在周边县级市也开发了很多楼盘和部分其他企业。就这样，一县级市的多元化企业集团年营业收入也接近了百亿。

区域越狭小，多元化越有优势；区域越大，专精化优势越明显

从上述案例和众多企业发展道路来看，如果在相对狭小的范围内，一家企业的社会资源及人力资源相对垄断，多元成功的概率很大，成为地区性的综合性多元化公司。如果在全省、全国或全球范围开展业务，很少有企业能够成为社会资源及人力资源垄断者，这时最好在相对专业的领域内专精发展，这一点外国公司有成功的，中国企业走出去者也不乏成功的案例，比如华为在相对窄的领域里专精经营，取得很好的业绩。

行业危机和新机遇并存时，是转身多元，还是固守专精

创业者选择多元和专精更多的时候是被迫无奈。在面临国家政策调整、国际市场环境以及国内市场环境变化，原来的行业竞争越来越激烈，而新的机遇诱惑也越来越多时，是否转型？转向哪里？如何转？这些都时刻在创业者的内心纠结着。是及时转型，抓住机遇，摆脱危机，还是坚持一下，看看再说？每一种决策方案都有不同的结果。现实中也有许多顺应潮流，及时转型成功者，比如李嘉诚经营企业就是持续不断地顺应时代潮流，抓住新的机遇，从而开辟了很多新的领域，取得了一个又一个成功，而原来的领域顺势而为，有放弃的，也有坚守维持，就这样创出了一个多元化的企业集团，成为华人成功的典范。

我见过一些老板，固守某一个行业领域专精经营的，最后败得很惨，比如有一家寻呼企业，当众多老板都在转型时，这位

老板始终坚守，而且收购了很多将要破产的寻呼机公司，最后至少收购了上百家，倒闭那年，市场份额占到全行业的60%以上，绝对垄断，但行业没有了，百分之百垄断有什么用呢？本来赚了不少钱，结果为行业发展坚守到最后，白白牺牲了很多现金，再转手机行业时一是资金实力不足，二是晚了一步。老板自己也感到可惜，当然，后来这位老板也做了些事情，但市场影响力就小很多了。

水平多元和垂直多元的优劣分析

从理论上分析多元化分为两大类，一是垂直多元化，二是水平元多化，又叫产业相关多元化和非相关多元化。垂直多元化是指企业经营的产业在业务链条上是上下游的关联关系，比如经营汽车配件、后又经营整车业务；创业时搞建筑工程施工，后来又进入房地产开发，后又进入装饰装修，这都是业务链条上下游关系密切相关。垂直相关有其优势，行业兴起时，狂赚钱，行业衰落时若转型不及时，会遭到全线打击。水平多元化，由于行业不相关，优势是遭遇危机时，东方不亮西方亮，能够抗风险；但业务向好时，精力分散，很难做到全方位冠军，更多的时候是一部分业务单元好，一部分业务单元平淡，此消彼长，利润相互冲抵。总之，究竟哪一种多元化好，很难说得清，完全看自身的情况。

第六章 扛熬变革期

企业进入青春期和成熟期后，变革就是常态。因为，商业生态环境在持续变化，而内部环境相对固化，内部变革就是企业唯一选择。变革中老板承受的煎熬超出想象。因为创业期老板熬的主要是生意，青春期熬的主要是人，而变革期既熬人事，又熬生意。生意上凤凰涅槃，人上要脱胎换骨。所以变革期的老板不仅要承受煎熬，还要死扛。

1

老板如何扛与变

老板该如何扛

多年来,中国实体经济进入了持续下滑的漫长冬季。越来越多的实体企业,包括制造业、服务业纷纷亏损、破产、倒闭、关门。其数量之多、现象之严峻,超乎人们的想象,不做实体企业的很难知道有多严重。这个经济严冬里,企业老板们大体有如下几类:苦苦支撑者,脱实向虚者,低价变卖转投地产或 P2P 者,千方百计加互联网者,卖掉企业后养老或移民海外者,无头苍蝇盲目乱突者⋯⋯,尤其最后一类,在乱变中,费神劳力,耗尽现金流,直至累死、渴死在突围的路上。这种现象,持续到 2017 年,中央虽然采取了一系列的相关政策,但见效似乎不大明显。

我作为腾驹达猎头公司的老板,同样也经受着市场寒冬的袭击。我也在抗争,也做了突破变革。因此,就有了切身体验,

①扛,真的并不简单。

杨光总编在 2016 年《中外管理》杂志第十期卷首语中,

诠释了"扛与变",我读之感慨颇多:扛不是熬,扛是一种态度,是一种积极抗争的态度,是对希望的坚守,扛最能考验一位企业老板的毅力和坚韧意志;扛不是单纯为了硬撑,扛的目的是为了寻找突破,在扛中等待转机、寻找时机,为变革做准备;扛也是为企业变革赢得资格,为寻找变革方向和突破口赢得时间。

不仅变革开始前需要扛,就是变革过程中也需要扛,因为变革会遭遇到意想不到的阻力,会节外生出很多枝杈,会平添很多困扰;即使变革结束后,巩固变革成果期也需要扛,不能松懈,需要再坚持一下,把变革的成果巩固下来。扛不仅体现在坚守自己创业的初心,还体现在自信,就是自信一定能扛过来,且一定能变革成功,拥抱春暖花开。

②坚守创业初心。

创业前,我反复学习比较人类已有的商业模式,从中寻找适合自己的模式和商业项目。经过长时期的思考和研判,最后决定做一家猎头公司,并于2003年3月18日,写了一篇短文《品味猎头》,算是对猎头的释义,在这里与读者分享,展示我2003年初做猎头的初衷。小文如下:

> 朗朗乾坤,沧桑正道。成人之美,善莫大焉。成人之美事乏有,猎头顾问乃成人美事之凤麟。
>
> 猎头顾问助人材成才,跃人才通财,擢人才荣耀;辅企业幸得驰驹良将,促企业品质上阶,财路亨通,效益层楼更上,事业腾达飞黄;结缘天下英雄、世间富商、学苑宗师,引俊彦畅行,领豪贾攀峰,扶巨匠翱翔。猎头顾问乃芸芸英中之翘楚,社会发展润通之卓秀。

以上是我对猎头职业的理解和悟道，并在下面文中对腾驹达猎头的前景做了一番描绘。

腾驹达涉游猎头服务，纵览东西，独特的视野、超尘的风采、卓然的气度、精妙的渐悟、无双的理念，循序提升着行业的品质和品位。缘此，高级猎头顾问云集，腾驹达秀类拔萃，诱人入胜。

从这一段对腾驹达猎头的描绘中，透射出我做腾驹达猎头的愿景与那份情怀。每当企业遭遇困惑时，我就读一读这段2003年3月写就的小文，读着读着，便初心绽放，梦想起飞。因此，我把腾驹达猎头的经营价值定为"成人之美、润通社会"，经营战略定为"做最值得信赖的猎头"。

从2003年初创办腾驹达猎头，我扛过了经理人创业的五关：扛得住不赚钱，扛得住赔钱，扛得住别人都说你不是人，扛得住自己都认为自己不是人，再扛得住赚钱。我比一般的职业经理人创业扛过这五关要更难，付出的代价更大。因为创业前，我不但是职业经理人，还是位情怀味十足的做学问、写文章之人。扛过这五关至少用了八年的时间，才有了那么点做生意的意识。再后来又扛过了两关，扛得住信任者的背叛，扛得住自己不干活，让组织系统来有效运转；同时也要过权力关、金钱关、信息关。

翻阅腾驹达的发展历程，变革已不止一次，每次变革的初心虽然是迫于市场环境，但也是为了做更好的猎头。最近一次变革是2014年上半年开始思考、2014年下半年启动，到2016年8月份扭亏，整整25个月。经过两年多的扛与变，基本实现了变革的目的，在连亏25个月后，实现了正现金流，而且经营数据刷新纪录，更重要的是公司的组织体系、组织机制、组织文化都基本达到了变革的预期。不仅实现了变革的目的，而且保持了我在2003年初创业的初衷，做一间最值得信赖的猎头公司。这两年多的变革中，遭遇到困境、难处和辛酸只有我自己心里清楚。我平生第一次，当着全体员工的面，在演讲台上，流下了五味杂陈的热泪……。老板就必须这样，一边咬着牙、一边拭着泪，初心不改，砥砺前行。

回想2015年下半年，变革进入深水区时，变革的力量遭受阻击，甚至一度主动撤退而传统力量依旧顽固，企业积累逐渐从厚变薄，内心的滋味莫可言状。我再次捧起《品味猎头》，做猎头的初衷越发强烈，然后自己抚慰一下自己的内心伤痛，继续前行。

我的远方，我人生的定位，我的价值观，在牵引着我，做最值得信赖的猎头，初心不改，永不言弃。

③自信必能突围。

初心弥坚，自信越强。扛的另一体现，就是自信。这种自信来自于做老板长期养成的习惯，自信是老板的一种习惯，也是一种能力。

既然跨过了千难万险，何必在意眼前的困厄！面对这次经济的寒冬，我的自信来自于上一次2008年变革的成功，坚信这一次也能扛得过去，也一定能变革成功。我常鼓舞大家：要打造经济冬天里的小阳春！

眼前无论困难重重，一定要自信能够扛过去，能够变革成功；变革过程中，会出现一系列的问题，相信能够扛过去；面对诱惑，也能扛得起，禁得住，这也是一种自信，更是扛的最高体现。

作为老板，时刻坚信自己能成，这不是刚愎自用，而是企业的精气神！既然能把企业从0做到1，实现质的突破，那么就一定有办法在1后面持续地添0！从0到1，是质的突破，既然作为老板能够创造1，那么其他困难都是1后面的0，因为变革毕竟不同于从0起步的创业，有各种资源，有成功的经验、失败的教训，有自信的习惯与能力，还能比初创企业更难吗？腾驹达猎头两年的变革成功的实践证明：老板的自信是披荆斩棘的利斧，是整个团队战胜困难的灵魂。在最困难的时刻，作为老板务必咬紧牙关，坚信能成功，坚信一切都会好起来，其他人会从你的自信中看到未来，跟随变革。

变革过程中的不同阶段，骨干、元老们大多都会从不同的角度积极阻碍变革。虽然他们是出于好心，但确确实实是在阻碍公司变革，而且他们中不少人都在用自己的能量带动或影响更多的人，用实际行动来证明老板是错误的。试想，这种状况下，老板有理无处说，只能靠自信默默地改变，让冰山一点点地融化。

阻碍只是一方面，还有熄火者。有不少一同伴随企业成长过来的元老、骨干，在经营日趋下滑时，执意离开公司，无论如何也劝不住。业务骨干的持续离去，必然直接影响业绩。而招聘的新人，在变革的动荡期还没有培训出来，又必然青黄不接。作为老板的我，满心孤苦，只能是扛，坚信一切都会好起来。

自信也是孤独的。实在太孤独时，我找到创业初期一直最忠诚的支持者（在变革中，悄悄离开了公司），想与其谈谈变革的思路，寻求一下他的智慧支持。然而，当我好不容易约到他见面时，不仅没有得到任何支持，反而收获的是怨言、牢骚、讥讽、挖苦等。此时，作为老板，我只能是默默离开，继续孤苦地坚守变革。

④扛得住诱与吓。

困境下的背弃，很苦涩。而困境下的诱惑，更具有杀伤力。

其间，我也经历了2015年股市的疯狂，2016年楼市的疯长。企业内外不少人劝我炒一把赚点钱，我忍住了，没炒，一门心思搞变革。也有人劝我放弃猎头服务，转做其他，或者至少再新开业务，多业并举，把猎头作为副业，或干脆把猎头业务卖掉等。一边是艰苦的变革，一边是无限的诱惑，这时我必须坚信：猎头市场还在，一定能够找到出路！坚定初心，勇往直前、大胆探索！再说，此时进军其他领域，谈何容易？其他行业的人没准还想着进军你猎头行业呢！老板要克服"媳妇都是别人的漂亮"的心理诱惑，真是一件不容易的事情。所以，禁得住诱惑，更是自信的体现。

⑤老板还不能被吓死。

总有人鼓噪说，互联网将颠覆一切。猎头行业也不例外。很多猎头平台都在喊要颠覆猎头，很多大的网站、知名社区也都在喊要颠覆猎头。很多甲方还开了猎头部，易租宝猎头部最多的时候据说有800人（没有求证）。于是，很多猎头老板恐惧了，自己主动缴械投降了。我认真分析过，和甲方、和互联网平台、猎头平台等相比，传统专业猎头机构的优势是什么，腾驹达猎头机构的优势是什么，互联网改变的是什么，而什么又是互联网代替不了的？经过分析，最终结论是：猎头机构不应盲目加互联网，只要用好互联网即可。于是我更加坚定了信心，猎头行业在互联网时代不仅不会被颠覆，反而会有更长足的发展。事实也正是如此，中国猎头市场在互联网浪潮的催涌下规模越来越大，猎头机构越来越多，新生的和变革后适应时代的猎头机构，效益越来越好。

老板如何变

如果说，"扛"代表了企业家的情商基因，那么"变"就代表了企业家的智商实力。扛，终究是为了变。扛，可以靠意志与情怀，但变，则确实存在规律与方法。也就说，变革是可以学的。

在企业经营困难的阶段，"扛"体现了老板初心不改，体现了老板骨子里的自信。"扛"不是目的，"扛"是为变赢得时间和机遇。而"变"则体现老板的智慧、能力和水平。要变革成功，首先是要找到企业存在的真正问题，针对问题，做系统分析，找到变革的方向，做出战略决策，寻找到突破口，并在变革过程中智慧化解矛盾，带领企业变革成功。

① 不找出路不行了。

其实，中国人才需求市场处于井喷阶段，但只是传统的猎头运作模式不适应移动互联网时代雇主的要求。随着市场环境、技术环境、人力资源环境的改变、服务方式必须跟着改变，不改变只能等死。所以猎头业值得变革，腾驹达值得变革。要变革，就必须找到这个行业和我们企业存在的根本问题。

猎头职业起源于1944年下半年的美国，始终都是一个半隐半现的由高人运作的职业。这个职业特性决定了猎头只能是单兵作业，由资质禀赋超好且阅历丰富，读懂人性、人心且正能量的心善之人来独立运作，最多由几个助手来辅助运作。这样组织的管控模式，只能是合伙人机制，行业组织碎片化，干好了小康，很难赚到上规模的钱。组织内，只能是几个主要高产出的合伙人赚些钱，企业平台只能赚吆喝，因此老板无法把组织平台做得更强大。企业稍微有点规模，很快就会分裂，原因是客户资源、人才资源都由猎头顾问掌握。人一多,老板的感情资源、组织的管理资源就不够,于是就分裂。

2008年底到2010年5月份,我就对腾驹达猎头进行了初次变革,变成了团队作业,每个团队10人左右,按行业区分操作,采用了过程管控的KPI操作模式,公司规模迅速扩大,很快在业界产生了比较强的品牌影响力,然而真正的运作模式仍是单兵。变革后虽然是10人团队,其实还是10个单兵在干各自的活。这样做,传统的单兵运作模式问题不仅没得到解决,反而带来了一系列新问题。

虽然有了团队和规模,但团队内部没有结构化,松散无力。这样的团队带来的问题更复杂和多变。猎头行业易分裂单干的问题不仅没解决,反而更严重了。体现在以下几方面:团队负责人掌握着客户资源、人才资源、还直接管理着员工,团队长的水平,决定着整个团队水平;团队长一出问题,整个团队都出问题;团队长一蔫,整个团队都不出业绩;团队长想阻塞信息,信息就无法畅通;有的团队长一边干公司的活,一边和部分团队成员经营着自留地,直接损害公司利益,并带来内部腐败,歪风邪气,正直员工离开,士气受损;一旦团队负责人带着员工离开,就把客户、人才带走,并直接与公司新接手的员工竞争,在客户那里造成不好的影响,给公司的服务质量、品牌带来更大的伤害。

随着移动网联时代到来,行业内出现了快速搜寻简历代替人才寻访的现象。大多数猎头机构的顾问,只简单电话沟通,就推荐简历,几乎不面试人才。这给腾驹达一直坚守的必须面对面面试、全面背调的服务方式带来巨大的冲击。因为服务和背调需要时间,周期长,花费巨大,然而结果是,当腾驹达的顾问经过面试、背调，把候选人推荐到雇主那里时，那些不面试、不背调，直接推荐简历者早就把坑占了。很多候选人就这样被那些提供简单简历者抢走了。腾驹达优质的服务，败给了只递交简历的粗线条服务机构。

由于以上原因，再加上外部经济下滑严重、市场形势趋冷、商业环境的巨变，周期性行业企业经营恶化，因此相对应的猎头机构业务受损程度很大，很多猎头公司开始关门破产。腾驹达猎头也遭受较大冲击。我盘算了一下，创业走过前10个年头，到2013年最好的财年，若扣除我个人做的业绩，全员做的业绩刚好把公司运营费用打平。而前面的9年，全员的收入还不能把公司业绩打平，都是靠我个人的业绩来补平这个差额。这就是猎头行业老板的无奈。

②找到变革方向和突破口。

我在思考，猎头行业究竟是怎么了？需求越来越旺盛的行业，猎头机构怎么总是不赚钱？经济寒冬里，猎头公司更难过，怎么办？能否过冬？怎么过冬？作为中国猎头专委会秘书长的我，就不信找不到行业的出路！我决心尝试挑战行业一直以来固有的单兵操作模式。

渐渐地我有了一套变革的目标方向：就是在保证服务品质不降的前提下，提升速度。比如：能否在过去一个月才能完成的背调、面试、评估、匹配、推荐及大量事务性工作，在3天内完成？进而如何保持持续稳定的服务质量？如何长期保留核心骨干员工踏下心来干？即使离开，也不影响服务质量？猎头公司如何才能不亏损？等等。

经过两年的组织变革，这个目标基本实现了。

任何变革，在大方向确定后，必须找到突破口，打响第一场战斗。要找到突破口，就必须结合实际情况，把我们自己的优势和市场需求相结合，把我们自身的人力资源情况和具体的业务相结合。腾驹达猎头的优势，是长期在客户和候选人那里积累了很好的口碑，我们有专业的顾问、有长期的资源积累，完全有资格和时间变革。进而针对问题，把优势集中起来作为能量、向存在的问题发起冲击。问题很多，不能一下子把所有的问题都解决，应该选择性的突破，集中新的有生有效力量，悄无声息地开始战斗。2014年下半年，我们选择了当时最热门的也是最新的业务作为突破口，选择敢于创新的顾问作为变革试点的领军者，制定新的试点考核办法，政策上给予支持优惠。就这样打响了变革的第一枪。当然，第一次"吃螃蟹"这件事，现在看起来就是站在山峰回望山下的小山包，而在当时那可是珠穆朗玛峰。这个试点极大地冲击了原有的操作模式，旧的考核机制，给传统的猎头业务带来了强烈的冲击。

第一步迈出后，下一步怎么办？任何组织变革都没有现成的教科书，没有现成的案例可模仿，只能是结合企业实际，针对问题，大胆探索。但必须用心、用智慧来做。

第一，要用变革力量，结盟大多数。变革需要智慧，找到变革的力量，并把中间力量变成支持力量，把反对者变成支持者。同时一边解决内部矛盾，一边解决市场问题，需要通过变通，把制度刚性与试点的灵活政策相结合，需要把老板过往的承诺，与现实之间坚守承诺的代价造成的矛盾冲突变通掉。哪些事情实际做了，不说；哪些事情只打雷不下雨；那些事情边做边说。哪些反对者需要沟通；哪些反对者不需要沟通，只是趁势而为；哪些反对者根本就置之不理，这都需要因人因事因时而定。

第二，变革初期，有些力量不要碰。组织中的既得利益者几乎都是变革的反对者，不要触碰，这就是智慧，让原有的力量沿惯性前行。重点支持变革力量，让变革力量在悄无声息中成长，一点一滴积蓄变革力量，团结中间力量，巧妙利用反对力量，破解反对派，这些都必须用智慧，必须变通。

第三，拿业务说事，从试点开始。千万不要一上来就改流程、改制度、改组织架构。变革要从营销开始，逐步深入营运、管理，然后再调整组织体系、组织机制，最终改变文化，变成适应新市场环境的组织文化。要想变革组织体系、组织机制等内容，不能明着来变，甚至吆喝都不能，必须用智慧，从具体市场业务变革入手，从具体的某个业务项目进行试点，试点用新办法，从一点试开来，"随风潜入夜、润物细无声"。这就是智慧，这就是变通，不变不通，变了才会通。随着时间的推移，事情的变化，最后达到"晓看红湿处，花重锦官城"。

第四，及时转化矛盾，不要被反对派纠缠上。

变革的过程中，各种利益交织在一起，各种冲突纠结在一起，要巧妙处理，把反对变革者的心理变化极限和行为控制在一定范围内，把握好度。很多反对者对变革有意见，其实主要是对冲在变革前面的人有看法。因为凡是在组织中冲在变革前面的人，原则上都是个性张扬的人，在大多数人看来都不是"好人"。通常意义上的好人是不会主动变革的，更不会带头变革，都是变革的阻力。所以，大家反对的焦点主要是某些带头变革的人，认为老板是瞎了眼，愚蠢之极！因此，老板必须有智慧，既要明或暗的全力支持勇于变革的人，又不要惹众怒，引火烧身，不能让那些反对派把矛头转移对准老板本身。否则老板成为矛盾体的一方，让反对派纠缠上，就没有时间和精力变革了。

所以必须要有智慧，要学会及时转化矛盾。

③找到变革至高地。

变革就是老板先变自己。老板要想变革成功，必须先变自己，要敢于否定自己，否定掉过去自己创建的一切。其中很多过往曾经成功和荣耀，随着市场环境的改变，已经阻碍组织的发展，成为公司发展的负累。对这些东西，无论是组织中任何人创造的，尤其是老板本人过往创造的，既然过了时，就要坚决否定。腾驹达猎头有很多独特的专业操作，其中很多是我过往亲自打造的。但这些东西在移动互联网环境下明显不适应了。我作为老板，就带头公开否定自我，大胆提倡创新，重新构建新东西，打破员工对老板本人的崇拜迷信。老板要从内心深处、从行为方式上否定自己，使自己首先成为一个全新的我。腾驹达的组织再造，就是再造老板创办企业价值理念的过程，就是让员工当老板，做创客，组织做服务平台。这就是下面要谈的组织文化打造问题。

④变革最终是变组织文化。

腾驹达猎头是一家专业公司，公司文化自然遵从专业公司文化：尊重＋激励。然而移动互联网的来临，我们猎头服务的对象及我们的员工队伍越来越年轻化，本身就是移动网民，因此我们的文化在专业公司文化基础上，又加一条互联网文化：开放、平等、分享、去中心化。今天，又进入了创客时代，企业文化又加上了创客文化。什么是创客文化？通俗讲，就是留下平台的费用，剩下的都是员工的。我们摒弃了猎头行业个人合伙人模式，采用了团队合伙人模式，从激励机制、管理机制设计入手，不仅实现了每个员工的创业梦、老板梦，而且规避了传统猎头个人合伙人模式的各自为战、一盘散沙的局面，提升了组织能力，继而提升组织效率、组织品质和组织效益。

⑤永恒的"扛与变"。

虽然变革初见成效，初心仍在激励着我"扛与变"，而且把"扛与变"作为老板的永恒工作内容。创业做老板，就必须持续地"扛与变"，想轻松就别做老板！要么在变，要么准备变。如果不是这样，企业就到了最危险时候。只有持续不断地变，企业才能适应巨变的环境，才能持续生存发展。

"天地有正气，杂然赋流形"。用文天祥《正气歌》里的这句话，来激励做实业的老板们在永恒的扛与变中前行。这里的正气就是老板做企业的初衷和远方，就是企业能为社会提供的真正有价值的服务。如果坚守住这种正气，勇于变革，善于变革，企业将永远会生生不息，长盛百年，永远春光灿烂。

2

变革，谁是对手谁是友军

当今时代，变革，正在成为企业的新常态。

不管什么行业，基业长青都几乎是所有老板的梦想。但奔向长青的路上，却必须过无数的生死关，无论老板是什么性格、学识、背景。即使曾大红大紫的企业，往往也是兴也匆匆败也匆匆。如果没有经过数次有效的企业变革，基业长青只是梦。施正荣创立的无锡尚德，就是典型案例。

尚德之败：仅凭老板缘，不够！

知识分子身份的施正荣，本在澳大利亚混得不错。后因怀揣梦想，归国创业，借助政府力量迅速做大，在中国光伏产业迅猛崛起的风口中，创造了光伏神话。2005 年到 2008 年，施正荣经历了被众人簇拥着到纽交所敲钟的荣光，体验了以 186 亿元身价成为中国新首富的全民聚焦，体验了尚德电力产能从 100 多兆瓦一路猛增至 1000 兆瓦，由业内新兵跃升至全球第一的超常规速度发展的快感。

然而，光伏产能迅即过剩，国际反垄断的大棒潮水般涌来，反复击打包括尚德在内的中国光伏产业，光伏市场一夜之间由盛夏的狂热进入了寒冬的冰窖。环境变了，企业内部必须及时变革，就像为适应春夏秋冬气候变化，人体内的八大系统必须及时调整一样。然而谦和、没有架子、率真直爽的施正荣，却无法组织起企业内部的有效变革力量，最终任凭企业迅速溃败。从"尚德"这个名字，就可看出施正荣内心的价值体系。苦出身的他，一心要做好人，做一个被人说好的人。然而在中国做企业，仅仅做个好人是干不成的。所以，施正荣最终走出了过山车般的历程，从巅峰再到败业。

变革，正成为一种资格

如今，越来越多的企业家已意识到，企业变革不仅是绕不开的，而且变革的速度会越来越快，甚至是颠覆性的。你若不变，只有死路一条。

比如移动互联网浪潮的冲击，让传统企业的数量每年以十几个百分点的速度消亡，这是多么可怕的事情。如不是政府力保，即便是恐龙级的电信企业和大型银行，也许早已被微信等移动支付平台冲得七零八落了。即使新新企业的滴滴和快滴，从诞生到整合也仅仅半年时间；共享单车一夜之间充满了大街小巷，感觉还没开始，就已经进入整合期了，更何况传统行业的中小民营企业了。可以说，懈怠哪怕只一眨眼的功夫，也许老板想变革都来不及了。所以我的好友、《中外管理》杂志的杨光总编曾说：变革的价值，在于组织还有机会。因此，在快变的时代，变革不仅是挑战，还是一种资格。

而变革之难，变革之痛，没亲自进行过变革的人是不会知道的。

腾驹达属于彻彻底底的专业公司，是靠专业服务而非外部机遇的企业，本应任凭外部环境风吹浪打仍可闲庭信步。但是，事实并非如此。从2003年创办以来，我已经做过几轮变革。

明白变革的次序是什么

很多人认为，企业变革就是变变组织架构。其实非也。企业变革首先是因为企业的外部环境发生了变化，这里有政治环境、政策环境、技术环境、市场竞争环境、人力资源环境，乃至地理、气候环境等等。这些环境变了，首先冲击到一线业务。所以，变革必须先从业务模式开始，进而带来一线队伍的变化、营销政策的变化、激励机制的变化，再进一步带来管理模式的变化，随后才带来整个组织体系的变化，从而导致决策机制、战略方针的变化，最后带来企业文化的变化。

因此，组织变革是从外到内，从业务到管理，从基层到高层，从战略到文化的全方位变革。最终，变革的成功，是企业文化变革的成功，考验的是企业文化能否适应外部市场环境。适者生存，不适者被淘汰。所以说，企业文化不全是老板文化，而是企业大多数人与企业外部环境相互选择适应的结果。

看透谁是变革的敌人

变革，首先要明白谁是变革的阻力。那么谁是变革的阻力呢？三类人。

一是上轮变革的积极推动者、现有经营管理模式的创建者和参与者——这类人几乎都是企业经营管理的核心。但这却是一股最坚决、最顽固、最强大的变革阻力。因为，要变革，等于否定掉这些人的过往创造，否定掉这些人的成就感。这批人会有强烈的失落感，进而带来危机感。

二是现有经营管理模式下业绩好的人——这是个既得利益群体，而变革有可能把这部分人的利益变没了。所以，这部分人也会反对，而这部人又是企业现有经济利益的中间力量。

三是大多数员工——这部分人是企业现有经营管理模式的适应者。变革将打破这部分人的舒服区，自然会引起强烈的反对。当然，变革也同样会打破前两批人的舒服区。

当你看到三批人都是企业变革的阻力时，你还敢变革吗？

但老板们也很清楚，企业只有变革才能生存。那么，当老板面对企业的核心层、主要权力岗位的人、主要经济收入的创造者，乃至绝大多数主体员工，这些企业的绝对主体都是变革的阻力时，该如何变革呢？如果老板连这点都不知道，分不清谁会阻碍企业的变革，要想变革成功，一般都是想想而已，或是变革胎死腹中，最多是虎头蛇尾。

有时，我们也会听到，前两种阻力同样高喊变革，甚至其要求变革的呼声很强，但一旦真开始变革，他们都将成为变革的绝对反对派。所以，作为老板，仅靠一人之力，要对抗几乎所有的组织成员，进而完成变革，几乎是不可能的——那就必须找到变革的支持力量。

谁会是变革主力军

谁是变革的支持力量呢？两类人。

一类是新人，即新空降来的，又有一定经营管理能力的人。

另一类人就是企业内部最受排挤的一批人。这批人较长时期在企业内部受排挤，甚至被边缘化，是现有经营管理模式的受挫者。

老板要把这两类人中具备如下共同特点者找出来，作为变革的主力军。那么，变革主力军的共同特点是什么呢？高度自信，敢冲敢打敢当，敢于创新，敢于打破常规，敢于探索的人；同时对他人的风言风语不太在意，有一定的鼓动性，且比较能够营造自身影响力，主观上想干事的人。

为此，引进新人时就必须有意识：当发现企业增长速度放缓，且放缓的主要原因来自于外部环境变化时，就要着手引进外部变革的力量。注意，空降兵并不都是具备变革能力的人，只有符合上面特征的人，才是变革的力量。引进这部分人后，要放进原有的体制，让这些人感受一下原有的经营管理模式给他们带来的不舒服感，让他们体验一下原有经营管理模式的积弊，以便有针对性地展开变革。

所以，引进这部分人的时机就非常重要。早了，这部分人被折磨得受不了，就跑了；晚了，没有痛点体验，错过了变革的时机，这部分人反而会成为破坏者。

而企业内部的变革力量，则要有意识地培养。培养分两个方面：一是因为这部分人不适应旧有体制，长期被排斥、被边缘化，老板应注意保护，不要让他们被淘汰出局，让其不断地反思，积累变革的愿望和想法。同时，也及时沟通引导，告诉他们如何才能做出成绩，使其主动寻找打破现状的思路和方法。对这部分人，在变革启动前，一定要让其跌至冰点，然后再启用，他才能有强烈、主动变革的反击力量。

老板还应注意营造环境，把内部与外来的力量促在一起，让二者自动产生共鸣。然后，二者在组织里产生合力。剩下的工作就是创造变革的机会。

当然，变革也要因行业、企业规模、业务多元程度等具体情况不同，采用不同的方式，比如，华为任正非的变革，就是自上而下全面变革，并多次变革成功。韦尔奇操盘 GE 变革，整整喊了一年才开始行动，这是面对多元化全球化的企业的变革方式。总之，变革因人而异、因时而化。

3

变革浑水中的老板智慧

企业的变革不宜一下子铺开，而最好选择先试点。

但试点也不能突兀，老板需要找机会，比如以下四种机会：①个别典型案例发生时，开总结研讨会，挑选一些代表参与讨论，这其中有反对变革者和支持变革者。讨论的结论也只是试点，因为试点，大家是不反对的。②月度或季度工作会上，接着找出问题、探索出解决问题的方案，开始试点。③行业内已有的成功做法，而又受制于企业体制、机制以及管理流程和制度，不能全面借鉴时，可以局部试点。④如有变革者主动提出了一套试点办法，并积极主动愿意尝试时，可以暗中鼓励其试点。等试点有初步成绩时，再公开试点。

注意，所有的试点工作，都必须放在变革推动力量这一方，而千万不要放在原有业绩好的人身上。因为原有业绩好，正说明他适应了原来的环境，是不愿主动来试点的。让其试点，只能是失败。因为，价值观行为准则上就不是属于创新的人，会找各种理由不去变革。

既然是试点，就要注意给予各种政策优惠，制度松绑和资源支持，让主动参与试点的人不吃亏，有甜头。当然，一般参与试点的人，主要是利益驱动，而对于主动变革的推动者，其诉求就更多是成就感了。

同时也要妥善解决试点与原有制度和原来既得利益者的冲突问题，所以要制定试点办法，让试点在阳光环境下进行，尽量不冲突。

如果制度冲突在所难免怎么办？老板必须行使权力，特批，超越制度。当然，在制定试点办法时，就要把这个权力放进去。

如果躲不开利益冲突又怎么办？老板应该把握住，既不能让既得利益者受损，更不能让变革者利益受损。这就靠老板的智慧和担当。因为两者利益都不受损，就很可能企业利益受损。

这就是变革的成本。

变革的初期,只是鼓励试点,不要太声张。只是明着给政策,暗中给资源支持,及时与变革的人沟通,鼓励和帮助变革的人尽快出成绩。如果声张过大,一是给变革的人带来压力,另外更多的人会投入到或明或暗的反对阵营。

变革中期,老板必须咬住牙

变革中期的标志,就是变革出现了预期的效果,也总结出了一套相对成熟的做法。这时试点的人头昂起来了,普通员工中有部分人想参与,但内心狐疑,害怕风险,这和股民追涨前的心态是一样的。此时老板作为变革的总设计者和领导者,应做五件事。

第一,明确继续给予政策支持,但要注意暗中使劲。第二,与核心团队中顽固守旧者谈话,明确他们不能反对试点。第三,开会应该从试点讲起,明确变革思路,大会小会讲,目的是形成舆论声势,为变革者未来成为主流而上位做准备。第四,扩大试点范围,提倡变革创新。第五,坚定不移。变革必然带来一系列问题,甚至会有麻烦和错误及失误,而且此时各种声音会接踵而至,怎么办?作为老板必须内心坚韧,信心不能有丝毫动摇,一方面鼓励变革者大胆往前走,另一方面号召多方面的力量,一同参与解决变革中出现的问题。持续跟踪,重点跟踪,把问题解决的同时,还要注意把反对的声音坚决压下去,强化变革的决心。因为,此时反对变革的力量与支持变革的力量达到均衡状态,如果老板不坚持、不强势,反对者就会公开出来作对,联合起来给变革者制造麻烦,支持变革的人就会出现更大的错误和失误。一旦信心受挫，就会出现退却的意向，这将直接影响变革大势。

变革后期，试点常态化

在上述的坚持和斗争当中，变革者的成绩会越来越明显，变革的力量会越来越强大。大多数普通员工看到变革有可能直接给自己带来好处，就会主动要求按新的试点办法做。部分核心团队成员也逐渐从语言支持走向行为支持。而利益既得方，则处于暗中较劲的状态，因为他们心态上不服试点人员，因此更要争取业绩不能输，而这正是企业所需要的。当然，这时同样有顽强的阻碍者，为旧有的模式辩护，但已经不成气候了，因为变革大势所趋。这时会有很多人要参与到试点办法中来，因为按新法一算账，比旧有机制得到的还多，就会主动要求按新法来。

这样，变革从利益格局上就基本形成了。剩下的就是组织体制、流程设计、考核方法、技术手段等。此时，不要着急，仍不要把大家全部纳入到试点中来。让大家先等等，仍按旧机制运行，逐渐对旧机制产生厌弃感，渴望新法新机制。这时，再把扩大试点后的经验总结出来，变成新的机制、流程、制度，形成常态的考核机制和方法，企业全员进入常态化运行，变革就基本成功了。

变革浑水，先要洞悉人性

企业组织处于变革时期，水很深，也很浑。即使企业是老板一手创建的，绝对权威，也不例外。只要变革组织，一定会搅浑这一池看似平静的水。为什么？因为人类自产生以来，一切一切都在变，只有人性没有变。而人性都恐惧失败。

因此，当外部环境变化时，大多数人都能意识到危机，意识到必须变化，但只有老板能够立即行动起来。因为事关企业的生死大局，其他人有利益相关但关联度不高，这其中也包括股东，甚至老板的家族成员。他们都没有老板的危机感和变革欲强烈。

所以合格的老板，要么变革，要么变革无望把企业卖掉。如果老板没有意识到危机，企业只有破产死亡，就像无锡尚德。

作为老板，变革是第一选择。变革，搅动了全体人员的舒服区，冲击了核心团队的成就感，触动了既得利益者的利益，也就是挑战了人性，这必然带来全体人员的普遍观望甚至坚决反对。所以，在组织变革中，上一轮变革的设计者参与者，一定是下一轮变革的最大阻碍者，除了优秀的老板。所以，老板必须是个勇于否定自我的人。

通过上述对组织中三类人的分析，老板不仅要知道谁是阻碍者，也要知道他们为什么是阻碍者。所以，变革就必须有策略，有智慧，利用一切可利用的变革要素。不然，贸然变革必然会失败。人心难测，变革者要洞悉人性，把握人心。所谓变革期的水很深，很浑，就是指人性、人心的交互共振，深不可测，浑浊不清。

搅动死水，必备政治智慧

因此，企业变革中，老板必须有政治智慧。

老板首先要找到支持的力量，于恰当时机启用这些支持变革的人。其次还要以恰当的方法启用这些人。最好采用试点的办法，而且最好在新业务领域试点。因为那只是很小的局部，不影响其他员工，更不影响原来业绩好的，这些人不会反对，最多是观望。所以试点不要动原来业绩好的人的奶酪。在新业务领域试点，对于核心管理层来讲，对日常管理工作也没什么大影响，所以也不会有激烈的反对。注意，试点尽量不要在管理层先进行，那会本末倒置，只有失败。第三是步步为营。老板作为变革的总领导者，你可以把变革的目标和梦想给大家，但千万不要上来把所有变革的想法及步骤都告诉大家。如果你把这些告诉了大家，就等于宣布了你将与全员为敌。所以，要让大家看到的只是试点，与自己无关的不疼不痒的小范围试点，只设短期小目标。这不仅要利用两股支持变革的力量，也要利用三股反对的力量，尽量减少反对力量。当走完一步，再走第二步，第三步，走到哪一步说哪一步的事，找到哪一步力量的支持者，在一步一步的前进中，陆续把所有的人一步步纳入到变革体系中来，直至把变革的路走完。第四是先业务变革，后管理变革。做业务变革时，找到管理中的支持力量。当业务变革基本完成后，管理变革也势在必行。这时业务力量当中一定有支持管理变革的人，找出来，妥善利用，完成管理变革。然后再推进组织变革等，就是水到渠成的了。千万不要水还没影，就开始高喊着修渠，一是渠修不成，二是渠修成了也没有用。

在企业变革中，业务是水，管理是渠；基层是水，上层是渠；管理层是水，决策层是渠；被边缘化的人是水，既得利益者是渠；新来的人是水，资深的人是渠；经营机制是水，管理机制是渠；战略是水，文化是渠。所有人当中，老板首先是水，其他都是渠。

一定不要把次序搞反了，只有这样的变革智慧，对企业的伤害最小，阵痛最小，风险也最小。

4

应对这三类人，将决定变革成败

变革后，如何安置那些为变革立下汗马功劳的新锐？继续重用还是"过河拆桥"？变革中，如何对付那些有权力、没格局的职能管理层？如何面对那些有忠诚、没魄力的"开国元老"？是辕门斩首还是怀柔分化？为什么老板绝不能向团队透露变革详情？

怎样安置变革功臣

变革是一场悬念丛生的精彩连续剧。成功的变革，最初的三股力量最终都能进入到变革后的组织体系中，该干啥干啥。为什么呢？变革过程是企业的非常态期，业务和管理人员必然都不适应，都阻碍和反对变革。而变革一旦进入常态后，这些人又进入了新的适应期，所以这些人是变革后常态经营管理的主力军。

那么，变革中的支持力量呢？变革中有两股支持力量，新人和边缘化力量。他们是企业非常态下的参与者和推动者，特点是敢想敢干、敢冲敢闯，勇于打破制度，以破旧立新为价值导向，成就感也在此。一旦旧破了，新成为常态，乃至新又成为旧时，这些人就没有了成就感。而当企业暂时无需再破时，这些人就会自己找事情去破，这就是常人看来搞破坏的人。所以一旦组织变革完成，新的机制、流程、制度建立后，这些人最好的出路，就是离开组织。原则上这些人会主动离开，因为他们的价值取向就是破旧立新，他会寻找下一个破旧立新的机会。对于没有离开想法的人，应该把他们调离关键岗位，或者给他们一个无关大局的新试点，让其继续创新去大胆试错。

当然，对待这些为组织变革贡献力量的人，应该给予足够的荣誉和待遇。不然，谁为老板推动下一轮变革呢？而下一轮变革很快就会到来！因为企业的生态环境变化越来越快，移动互联网时代，一切都在被颠覆之中，什么都有可能发生。

怎样消解职能层阻力

企业组织管控，是通过职能条线完成的，比如人事、财务、信息、法务、计划、生产、质检等等，这些都是权力部门，代表企业进行日常管控的，一旦变革，必定动摇这些部门的权力。不同部门的主管对权力的追求度不一样，一些权力欲望强烈的主管面对变革往往反弹很厉害，不仅情绪会爆发，而且会使出各种招数，对他人产生毫无节制的冲击甚至伤害。企业内部会出现鸡飞狗跳般的人事矛盾冲突，老板不得不花费很多时间来处理人事矛盾。这就脱离了变革的轨道。还有的职能主管，表面上支持变革，但背后不支持，甚至带领整个职能条线的人反对变革，给变革者人为地制造麻烦，让这些人干不成事。这会极大地阻碍变革的进程，甚至使变革失败。变革是组织权力的重新调整分配。人的终极追求是什么？答案是权力。这就是为什么那么多人都想做皇帝，为什么皇权社会延续了几千年还阴魂不散的原因。所以，无论老板多么巧妙地试点和策略调整，最终都会波及职能条线的权力格局调整，改变这些人的终极追求。

所以，老板变革时必须重视职能条线阻碍变革的问题。

一是调职。职能条线主管进行调职，通常稳妥的做法是调升。调升后，再提拔新的，新的工作部署给新提拔的那位，尤其是要把变革的工作交给新提拔的。

二是调岗。很多大企业可以采用轮岗制，这要根据实际情况。不同部门的主管可以轮岗，甚至业务条线的负责人和职能条线的负责人进行轮岗。轮岗的好处是人们心理上对旧权力依恋，对新权力陌生，往往心理上倒不过来，就像倒时差一样。这是权力重新调整的最佳时期。这个最佳时期是一个月，不要超过三个月，因为三个月后人们就对权力由陌生变成了熟悉。

三是分权。把职能部门的权力分成几个二级部门或独立部门。比如人力资源中心，可以通过重新设立人力发展中心（管组织设计和干部管理），绩效中心，招聘培训中心，综合办等，通过这些调整，让人力资源下面的各部门负责人各负其责，各司其职，每个二级部门随时都可以独立运作。

四是改变权力路径。这主要是指汇报路线的变更，重新调整职能条线的汇报路线，无非是间接汇报、直接汇报、旁系汇报、交叉汇报等四者的综合运用。

五是新建权力机构。既然要彻底变革，根据企业实际情况，可以建立新的权力机构。有个企业老板，听过我的意见后，投资了一个新业务，就完全与原有的体系一点都不掺和。不要说人事和财务了，包括司机都分开用，两边的人根本不搅和，也不在一个地方办公。结果新企业三年就上市了，远远超过了老企业。

怎样规避元老派逼宫

企业变革过程中，会遭遇到这样的事：越是忠诚的元老，越可能反对变革。为什么？很简单，元老除了前面分析的三类人特点外，外加一条：对企业有很深的情感。试想，如果改变了他们的舒服区，否定了他们的成就感，又可能把荣耀感也给变没了，再加上对企业的忠诚与情感，元老很担心这样变革下去，企业会垮掉。因此他们满肚子忠言，可老板不一定会听。因为元老和大多数人一样，都是站在自己角度为企业着想，建议大多是与企业变革的方向相反，老板当然不予采纳。这样，元老当然也就更加担忧，总得找个发泄口，于是元老之间相互沟通，长此以往就形成了元老派，联结起来共同反对变革。这是一件很麻烦的事情。处理不好，他们就会从反对变革的支持者，到反对变革本身，到最后反对老板本人。严重影响到企业安危！

怎么应对？

首先，尽量不要让元老结成反对派。因为同样是元老，性格、特点并不相同，应该分别沟通，首先不使其结成反对联盟。其次是不使其反对变革，至少不能明着反对变革。再次是老板尽量为变革从不同侧面做些事情，并不一定明确告诉他们你主观上是为了变革，但从整体大局上是为变革服务的。这就是处理的艺术。有人会问：为什么不把公司的整体变革思路告诉元老，拧成一股绳一起变革？回答是战略方向上可以，但具体操作上不行，除非企业发展到超大型规模，足够健壮。因为企业变革如同做大手术，稍有不慎会危及到企业安全。

真诚警告：作为老板，千万不要把变革的具体步骤和方案告诉元老和核心人员。如果你这样做了，说明你很天真，你根本不适合做老板。这就像进医院做外科手术一样，大夫告诉病人的都是好的，但把可能带来的危险都告诉病人家属，并要求家属必须签字。因为企业变革，根本的还是变革人，企业组织中的人都是需要变革（做外科手术）的要素，老板也是变革要素，只不过老板率先完成了自我变革。你只能告诉他们变革后的美好期望和不变革的危险，而不能把变革过程中的问题和危险告诉他们。

其次，有元老反对坚决，但没有结成帮派前，怎么办？这很难免，一般发生在变革的初期和中期。因为人的性格、资历、人际、诉求不一样，这时最好有一个人能从中沟通，或递话，帮助舒缓一下情绪，正向沟通。总之，不让坚决反对的人情绪爆发，负面影响扩大。

再次，已结成反对派后，又怎么办？这种情况一般发生在变革的中期。此时老板应该主动出面分别有针对性地沟通，争取最大限度地瓦解反对联盟。至少争取部分人不反对变革，理想效果是让一部分人投入到支持变革的力量中来。因为与元老沟通起来非常方便，最忌讳的是一气之下，"斩杀"元老。这会把元老们推到老板的对立面，而不只是变革的对立面。

如何巩固变革成果

变革取得初步成绩后，千万不要松劲。应该持续推进一段工作，让变革成果坚实起来。虽然变革成效出来了，达到了预期效果，企业纳入了新的正常轨道，但是记住大多数人都是从旧机制下过来的，习惯的力量是很强大的。一旦放松，新流程不完善，新制度不健全，督促不到位，员工会很快又松懈下来，回到原来的习惯当中。这样变革的效果会大打折扣。

一是有个新业务辅导小组。对新的流程制度体系要有个讲解引导，员工遇到新问题，有及时的引导变通，毕竟刚刚变革完成，流程、体系、制度还不连贯，不顺畅，要有个内行负责人，专门负责连贯这些事情，争取尽可能地平滑过渡。否则，基层员工在实际工作中遇到困难，求告无门，把不满情绪倾泻到变革后的新机制上，这种情绪会传播很快，影响变革成效。二是专门成立一个遗留问题处理领导小组。变革必然会遗留下一系列的问题，要有这样一个领导小组，做好新老问题的衔接，这样企业不至于纠缠在过往的体系之中。三是及时有效奖励新机制下的优秀者。变革后，会有新气象，应在全员中展开新的竞赛奖励活动，表彰经营业绩和管理成绩突出者。这对巩固变革成效很有帮助。

既然你选择了做老板，就不会有歇脚的时候。这是一列没有终点的火车，你只能向前、向前、再向前。在向前的路上，企业变革的考验会不断出现在你面前，请不要退缩，这是你人生难得的修炼。每一次变革，都会给你带来心灵和智慧的成长。

5

高龄老板如何为基业长青加保险

中国民营企业家是个高危群体。特别是当老板们步入晚年时。中国文化的人治意识，正是高龄老板们要自我警惕的。作为第一代创业家，应有清醒地认识到：要想使基业长青，最高的风险防范，就是防范自己的风险。

陈兴康是谁？他是大亚科技董事长。大亚科技又是做什么的？如果跟您说圣象地板，您一定很熟悉。而圣象地板的老板，正是一贯低调的陈兴康。

然而，2015年4月29日大亚科技突然发布公告：大亚科技股份有限公司董事长陈兴康先生于2015年4月28日上午因意外摔倒，经抢救无效不幸逝世，享年70岁……

其实，我得知消息比公告要早。这是因为4月26日，陈老板还曾与我们见面，为自己宏大的商业梦想而忙于延揽各路英豪。没承想隔日下午，却突然得知陈老板溘逝的噩耗。事发当日，陈老板原计划去美国，但在晨跑时意外摔倒。等人们发现时已过近半个小时，送到医院时已无力回天。

一日前，促膝共议；一日后，天人永隔。谁能不愕然痛惜呢？

一个时代的历史画卷基本由三类人画成：一类是引领社会变革的人，一类是维护社会秩序的人，一类是观察思考记录社会的人，三者缺一不可。在当今的时代，引领社会变革的就是企业家。陈兴康就属于这一类。他的低调使他不为人所知，但并不妨碍他是这个时代的变革者之一；也正因为他十分低调，我们才有必纪念这些默默奋斗的企业家，从而引起第一代创业有成的高龄老板们警觉，自己的责任和使命重大，必须高度重视身体健康。

高龄管理者要接受被管理

陈老板像很多成功中国企业家一样，低调、勤奋、务实，而且生活随意，不愿麻烦人。比如晨跑，70岁高龄，身边竟无人跟随保护。也正因为他平时不愿让人跟着，所以跌倒后无人及时发现。反之如有人陪护，悲剧很可能不会发生。

要知道，上岁数的人，特别是有心脏病和高血压病的人，生活中万不能大意，必须有人跟随看护——甚至包括上厕所、洗澡等。老人要尽量减少个人单独长时间行动，或单独的剧烈运动，或单独进行可能诱发心脏病或高血压病复发的活动。

而作为老板本人，尤其是高龄老板，应该把自己区分为两个人：一是公司老板，二是肩负重要使命的自然人。作为老板，在公司可以发号施令，一言九鼎；但是作为一名肩负使命的高龄自然人，则必须听从医生或保护你健康安全的人的指令。这一点，万不可自以为是。因为你的健康与生命，关乎企业日常运转，关乎全体员工及背后家庭的幸福，关乎与企业有千丝万缕关系的人和事。所以，高龄老板应自己有意识地管理自己，并接受健康与安全专业人士的管理，不可因为习惯于管理而排斥被管理。

与之对应，为了企业的安全有效运转，企业也必须有专人来管理与服务老板，不管老板本人是否愿意。有条件时最好有专门的保健医护人员跟踪。比如：不能让老板长时间开会，连续疲劳作战，高节奏的出差旅行等，而要注意饮食规律，要常备急救药品等。

确保失去自己时企业的正常运转

作为第一代创业家，应该有清醒的认识：要想使基业长青，最高的风险防范，就是防范自己的风险。因为企业是自己创办起来的，完全是在自己的呕心沥血与精心呵护下一步步长大。因此，创业者应该常问自己：企业离开了自己能正常运转吗？这更是第一代创业者走向年迈时必须考虑的问题。

现代企业治理机制，虽然可以确保企业正常运转，但实际运行中如何才能不流于形式？这依然是个问题。股东会、董事会、监事会、经理办公会，这"四会"之间的关系如何默契运转？会不会自己在世时运转良好，在自己离去时却转不起来，甚至相互掣肘？尽管企业设立了四会，但对于中国企业而言，运转效率大多还是依靠创业老板本人的魅力和能力。所以，高龄老板必须考虑这个问题，早做打算，确保企业形成失去创业者时的自循环机制。

进而，每一个"会"的内部怎么有效运转？比如董事怎么产生？独立董事怎么产生？董事长怎么产生？监事怎么产生？这些之间都要有明确规定。而且这些规定就应该基于自己不在世时依然有效——尤其要避免离开了老董事长，连个董事会都开不起来。

确保财产无争议分割

对于财产以及企业股份，老板家族成员之间如何分割，高龄老板都应十分明确。自己在世时，一切都是围绕自己这个核心来平衡的。一旦自己突然不在了，这个核心和平衡点失去了，该怎么办？

因此，自己在世时，应该把未来的平衡机制设立好，或说提前做好财产分割，避免自己突然去世时纷争不断。这种案例，古今中外，司空见惯：创业者留下了巨大的产业，由于没有提前明确规定，于是家族成员与家族股东之间开始起纷争，家族成员围绕利益财产骨肉相残，也许老人尸骨未寒，家族成员已然刺刀见红了。这势必会让企业中的经理人左右为难,并纷纷选择逃离,结果企业与财富一起缩水。尤其是家族成员还在企业担任要职者,这样的纷争就不只是停留在股东会和董事会层面,还会涉及到日常经营管理中,分派站队,相互掣肘,严重时置客户和合作方利益于不顾,甚至玉石俱焚。

要说明的是,即使自己只有独生子女,也应明确财产的继承与分割的关系,明确配偶和子女的财产继承关系。最好有文字记录,防止出现意外。

确保家事不搅浑公事

企业和家族成员之间的关系,是个很微妙的事情。这其中分几类:一是家族成员在公司上班者;二是不在公司上班者;三是多个家族成员与企业的关系。

一般情况下,中国民营企业都有多个家族成员在企业上班。老板在世时,就应立个规矩,角色分明,不可混淆胡搅蛮缠。尽管客观上身兼多重角色,但一个场合只能扮演一个角色。比如家族成员既是股东,又是董事,还在企业工作,那么就必须明确区分开来:开股东会时发挥股东角色,开董事会就是董事角色,日常工作中就是员工角色,三者绝不能混合在一起。这样,家族成员和非家族的股东们,在企业工作时间久了就养成了习惯,就不会在创业老板去世后乱掺和了。

不在本公司上班的家族成员,一旦老板去世,需求一般会停留在财产继承上,包括股份分割,而不会参与到企业日常经营管理。那么作为老板就必须规定:既然不在公司上班,对企业经营不了解,就不要参与企业日常经营。如果是股东,就只在开股东会时发言；如果是董事，就只在董事会上发言。否则，就不要发表意见。

为了防范风险，高龄老板还应该提前对股份及其责任的继承有个说法，并有文字记载，由法律顾问或证人记录在案。除了企业股份外，家里的财产如何分割也都要说清楚。家人为财产而对簿公堂，是创业老板最不愿意看到的。

除了财产外，还有一个权力分配问题。就是关于接班人问题。

自己只有一个子女，应考量其能否胜任，本人是否愿意接？如果不能或不愿，谁来接？

假若有多位子女，其中有一位能够继任，虽然好办，但也要明确出来，免得其他不胜任者出来搅局。如果有多位能够继任，由其中一位来接班，就应该明确规定，并阐明原因，同时说清其他人做何安排等。如果轮流担任，就应该明确轮流的顺序及担当规则、罢免机制等。否则，有能力者之间就有可能争权夺利，造成情感伤害，影响企业发展。

如果企业有二股东、三股东，是否考虑二股东来担当？高龄老板都应该提前明确：担当前提是什么？罢免机制是什么？避免二股东和自己的家族成员再起纷争。

第七章
熬成的老板是啥样儿

老板不是先天的,都是后天熬炼出来的。真正成为一个合格的老板,需要长期的全方位的不同层面的熬炼,这是个漫长而多维度的煎熬过程,也是一个创业老板救赎与涅槃的过程。

1

熬,早已习惯

创业者总是急于求成,期望一夜成大事。这不仅不现实,而且这种想法还极大地阻碍着创业成功。创业首先要有创业激情,但仅有激情是不够的。创业需要进入创业状态,创业状态包括创业精神,习惯煎熬。

很多创业者只是有了创业精神,而没有真正进入创业状态。创业精神大家可以谈很多,比如一有创业之志:想赚大钱,干大事情,构建全新的商业模式,创建自己商业帝国的梦想。二有创业之勇:敢于冒险,勇于探索,不断创新,想好了就干,甚至没有什么把握情况下也敢于尝试。三有创业之魄:就是要有气吞山河的气概,有海纳百川的胸怀,有受挫而东山再起的韧性和豪迈,有顽强拼搏的意志和毅力。四有创业激情:激情四射、积极主动,全身投入全情投入到创业之中去。当然,大家还可以总结很多创业所需要的精神,但无论多少种精神,也只是精神层面,精神只是必要条件,仅有精神是不够的,还必须进入创业状态。那么什么叫创业状态?

我曾在微博上写道:做人需要忍,一忍再忍;做老板不仅要忍，更需要熬，一熬再熬！做老板要熬，且是煎熬，把煎熬当成家常便饭，当做习惯，就熬成了老板。其标志就是要熬成老板心态，要熬成老板心态大概需要 5 年左右；要熬成成熟老板心态，大概需要 10 年左右；熬成优秀老板心态，大概需要 15 年左右；熬成大老板心态，大概需要 20 年左右；熬成卓越老板心态，需要 30 年左右。这并不是说你创业 5 年就熬成了老板心态，熬够年数就熬成了什么级别老板心态。

什么叫熬成老板心态？有四个标志。

首先，不能急死。把烦不胜烦当习惯，习惯于天天无穷的烦心事，不厌其烦地处理日常事务。无论有多少烦事，除没完没了地应对解决外，还得坦然处之，没有睡不着觉的时候，只有睡不够的时候。如果做了老板，还什么事情非要解决彻底才睡觉，那就永远没有睡觉的时候，非急死不可。

第二，不能憋屈死。没做老板前你可能有脾气，对很多事情的是非曲直较真，什么事情都要个明确说法，熬成老板心态后，会平静地对待太多无奈的事情、无理的事情，对许多违反情理法义的事情以积极的态度看待，接受并坦然处之。创业当了老板你就会知道这世界上有太多事情不合情理法义，但你绕不开、躲不掉，你不得不接受，如果非要讲理，闹个明白，非把自己憋屈死不可。

第三，时刻激情满怀地做事。创业做了老板后，你就没有时间和功夫去苦恼，因为有很多事情需要自己去做，于是自觉不自觉地就养成了积极心态，时刻充满希望和激情地做事。做老板就是永远对未来充满希望和激情，遇到问题立即行动，并想办法尝试解决掉。任何时候都不气馁，在顽强的探索中寻找希望和出路，不断地探索、尝试和创新。对任何有助于公司发展的事情永远激情满怀地投入去做。因为，你有明确的组织目标，且有无数的事情等待处理，有动力和压力自然激情满怀。

第四，绝处逢生的信念。做老板必须练就一种信念，绝处逢生的信念，每天把那些常规的事按部就班做好，把重要的事情、急的事情都解决掉了，还有些事情是难事。什么叫难事？就是违背情理法义的事情。违背情理法义的难事，常规的情理法义的方法是无法解决的，有时会难得没有任何办法，甚至到了绝境，但是不能放弃、不能逃跑、不能跳楼、不能抹脖子自杀，要始终用心寻找出路，要始终保持一种心境，尽管是绝处，相信一定能逢生，用绝处逢生的信念来战胜胆怯、妥协、投机等。这绝处逢生不是等来的，一定是自己走出来的，实在找不到生路时，暂时放下，有目的地去转换一下环境。换个环境，也许会易如反掌地解决。所以，做老板一定要熬成一种绝处逢生的乐观心态和信念，这其中包含着化危为机的能力，也是一种自信的习惯。

我把老板熬成啥样共分为 8 个层级，14 关，希望创业者一关关过，避免成为三院士：医院、法院、精神病院。

2

熬五关，熬成一个合格生意人

一个人开始创业，要成为一位合格的生意人，需要熬过 5 重关。

第一关，熬得住不赚钱

每一个创业者创业前，都是做好了商业规划，投入多少，成本多少，盈利多少，账算得明明白白。第一年盈利多少，第二年盈利多少，为家人和亲朋描绘了一幅美丽的盈利画卷。然而事实是什么样子呢？

职业经理人利用自己的资源优势创业，往往是第一年收入和打工差不多，比如，打工年薪 100 万，创业头一年，扣除成本，匡算一下，也就年收入百万，这就叫不赚钱。为啥呢？因为创业这一年的付出，比作职业人付出要多几十倍、上百倍，甚至付出根本不在一个量级，于是算了一笔账，不值得，投入产出不成比例，就改弦易辙了。因为不知道未来是否还是这样的收入，如果还是如此大的付出，赚这点钱，何不轻松打工呢？或者，如此辛苦，如此付出，不能过正常人的生活，赚再多的钱，也不干了。前面讲过的几位外企老总创业，就是算的这笔账，于是就停止创业了。这叫没有熬得住第一关，不赚钱，付出和收获不成正比。

自己有资源的职业经理人创业总还能有点收入，如果是没有资源的普通员工或者是刚走出校门的学生，第一年创业能有收入就不错了。大多数普通创业者第一年甚至前几年都没有收入，纯投入。我还见过一位金融学的研究生，前前后后创了十年业，主要做金融科技，没有过一分钱现金流进账，类似的案例不是孤案。

第二关，熬得住赔钱

可以忍受不赚钱，继续坚持，熬过第一关者，往往是乐观主义者。这样的创业者是如此想的，第一年虽然付出多，赚的钱和打工差不多，但毕竟是第一年，未来继续努力，规划一下，还没准翻倍呢，于是欣欣然开始了第二年的征程。结果往往不如自己所料，年底一算账，不仅不赚钱，反而赔了，能打平就算好。反思自己哪里没有做好，太糟心了，创业的准备金也所剩无几，眼看下去就得借钱，心急上火，百思不得其解，这是怎么回事？

这背后的逻辑，大多数创业者都不清楚。经理人在职业阶段，积累了一定的资源，创业初期，这些资源开始变现，自己能拿多少薪酬，每年大概也就变现多少，第一年是核心资源变现阶段，过去你帮过的忙，别人欠你的人情，在这个阶段都还回给了你。第二年，剩余的一些都是边缘情感资源，没有核心资源了，所以利润也就薄了，也就很难赚到钱，因为还没有把握住生意怎么做，只能靠边缘的资源变点现。经营好的话，不亏就不错了。但此时往往不知道自己还没有做生意能力。

对那些普通创业者或刚走出校门的创业者，本来就没有什么资源。所以也无从变现，只能是苦熬。

这个时期，作为创业者，如果辛苦了一年，不仅不赚，还亏钱，实在无法忍受，或者家人不支持，唠叨，也许就熬不过了，自己收手不干了。这就叫没有熬过第二关。如果自己不气馁，还对未来充满着希望，继续熬，那么就进入第三关。

第三关，熬得住别人都说你不是人

熬得住第二关亏钱后，作为创业者满心希望尽快扭转局面，做一单生意，哪怕是小生意，总比亏损强，于是千方百计努力赚钱，也许真的有收入了，但是入不敷出。等待你的将是更严重亏钱，房租、水电费、物业费、员工工资、政府收取的各项费用等等，等着花钱怎么办？没办法，只得借钱来应付急需要花的钱。因为，家里存储的那点钱已经早被挪用到公司花完了。向谁借？当然是最能借给你的亲戚朋友。借钱时肯定是说，很快有笔钱到账，一时倒不过账来，只得开口求人借钱，承诺下个月，或三个月之后还钱。结果，借到的钱瞬间花完了，可原来计划到账的钱根本没到账，或根本子虚乌有，而新的债务又产生了，因为员工工资、房租水电等必须支出。于是你不得不向原债主请求宽限还款时间，同时向其他亲戚朋友借钱。就这样，借的朋友多了，一直编瞎话，拖着不还钱，周围的亲戚朋友都知道了，都开始骂你不是人，都躲得远远的。如果这一关实在熬不住，就及时止损，收手不干，开始新的打工生涯，挣工资还账。这样你打个三五年工后，也许把做生意欠的债就还了，开始了一个正常人的生活。如果还不死心，继续坚持，尤其是家人还能理解你，继续鼓励你坚持下去，那将是你最大的动力。于是你就进入了第四关。

第四关，熬得住自己都认为自己不是人

进入第四关后，创业者每天都在生意场上挣扎，渴望突破生意困局。然而，越亏越多，生意越来越难做，自己内心的煎熬越来越激烈，会时不时问自己，过去在做职业经理人时，带了那么大的团队，创造了那么多营收，令人佩服的经营能力，哪里去了？开始怀疑自己的过往能力是不是真的有过？是来自于老东家的平台？若是自己真正的生意能力，为啥自己创业时展现不出来？

当看到自己多年来的创业，不但没能给家庭带来收入，反而欠了一屁股债，心理莫名的内疚；当看到别的家庭过着旅游

度假的幸福生活，自己瞎忙得不可开交，而不能和家人团聚，还在没明没黑地毫无希望地熬日子，内心那个痛苦，这是图啥？当看到和自己孩子同龄的小朋友们，有了漂亮的玩具、时髦的卡通、报了新兴昂贵的学习班，穿戴名牌衣帽等，内心除了歉疚外，开始怀疑自己的水平能力，甚至怀疑自己是否在做梦。

自己害怕过年过节，这不仅是由于无钱为自己的老人、家人、孩子购置心仪的过节礼物，更重要的是害怕亲戚朋友见面问起自己生意上的事情，无从回答。更扎心的是，自己的老人和爱人在一起，都不提生意上的事情，生怕点到自己的痛处，刺激自己的紧张神经。甚至，自己的父母和爱人都在背后议论和关心自己，担心自己精神上出事，而不提生意上的事。自己本来是家里的顶梁柱，创业是为了家庭过上更好的幸福生活，现在反而成为老人和家人保护的对象。当你听到家人的议论，看到家人躲闪自己的目光，有时真的担心自己是否精神正常，是否真的出毛病了。越是这样，越想尽快从生意上赚到钱，证明给家人看。于是一有生意就拼了命地去干。然而生意就像沉重的脚镣，始终提拿不起来。

就这样，每次生意来，你都抱着绝对赚钱的希望去冲锋，因为长期创业的煎熬，自己已经习惯了全力以赴、爆发状态下工作。自己就在希望、失望、绝望、疑惑的交替中熬过一天又一天。再熬下去，就像饥饿的人在觅食，一见到生意机会就去冲锋，至于是否希望已经不重要了，见生意冲锋已经形成了条件反射，同时，熬也已经成习惯了。

终于有一天，自己冲锋下来，有一单生意赚到了钱，此时，你倒怀疑这是不是真的，也许是偶然的，可是，下一笔生意也赚到了钱，连续几笔生意都赚到了钱，当月的现金流是正的。这时，你才从原来的失望、绝望、疑惑情绪中回过神来。这是真的吗？渐渐地，你开始给员工加薪、发奖金，开始陆续还亲戚朋友的债，开始为家人适当买点东西。同时，你也担心这赚钱的日子能否持续。

第五关，熬得住赚了钱

当你赚钱的喜悦还没有适应，问题便接踵而至。亏钱时也许没人知道，但一旦赚了钱，消息会不翼而飞。在赚钱面前，每个人的心态都在悄悄地发生变化。原先亏钱时，员工看公司亏钱，希望能正常领到工资，一看拿不到工资，会立即止损，哪怕亏一个月不领了，也要尽快辞职走人。因为员工不知道下个月还是否有希望领到工资。如果公司赚了钱，一些员工按正常的劳动法领取补偿还不行，必须多要几个月，理由找一堆，要超越公司制度和法律，非闹闹不可。当然，高管、参与做生意的合伙人，面对公司赚了钱，心态也都在发生变化，作为老板的你也许希望继续扩张，继续拓展品牌与市场，希望大家再努力奋斗等，但一些高管或合伙人，久旱逢甘露，希望先分些钱，你在纠结为难。

不仅是内部员工，会有太多人参与你赚钱后的分钱，包括一些亲朋故友，包括与企业有关联的社会方方面面。如果你开的是地盘资源上的生意，地盘上的强人也会眼红而参与到分配中来，捞一杯羹。不然，黑社会怎么会存在呢？

最能知道你亏钱还是赚钱的人，当然是政府机构的有关部门，他们也要参与分配。这个分配的方式就多种多样了，仅一项税，你刚开始都无法适应，创业前几年亏了那么多钱，是无法抵扣税的，虽然当年盈利，但前期熬了多年，公司总体来说是亏的，但当年也必须得交企业所得税。如果作为老板想分点红，请交个人投资所得税。作为创业者，你真的无法理解税法的精髓，也许慢慢地就理解了。

尤其你的生意规模比较大时，或者你的品牌知名程度比较高时，中国特色的人文环境、时代特点、权力体系、官吏结构，以及半官方的行业组织等，都将以各种形式参与到你赚钱后的分配当中来。这一点，中国的新闻报道、文学作品、反贪报告里写得已经够丰富了，但无论如何丰富，都比不上现实中的精彩。绝大多数创业者，尤其职业经理人创业，都想规规矩矩做生意，然而现实并不如你所愿。规矩是你的想法，某些权力的拥有者，包括某些权力拥有者所在的机构，偏偏不让你规范做生意，生意人都规范了，他们"吃"谁去？

当你亏损的时候，哭喊着都没人搭理你；当你一旦赚了钱，也不知人都从哪里悄悄来到你身边，"爱"上了你，参与你的分配。

作为创业老板的你，第一次遇到赚钱的情况，有太多的无奈和无解的东西，你必须统筹兼顾，学会分钱，这是一门艺术，更是智慧。稍微分配不好，会立即招致不小的麻烦。如果靠自己的坚守和内心的坚韧能熬过前四关的话，那么这第五关，就不是简单的坚守和坚韧的事情，必须忍受重度的锤炼，法度的冶炼，必须要有智慧和艺术的处理，要靠组织专业的力量或系统的力量来解决。如果这一关熬不过，你就不是一个合格的生意人，今后的生意中，会在钱的分配上继续栽跟头。很多生意人做了一辈子生意，这一关始终没过。如果熬过这一关，你就是合格的生意人，像李嘉诚遭遇了张志强10.38亿元的勒索都坦然应对，成为人们赞叹的谈资，这就是合格的生意人。赚钱后的分配水平，是更高层次的一种熬，也是高级别的智慧。

3

从做生意到做企业的跨越：再熬两关

很多人做一辈子，就是一位生意人，始终不能前进一步。这一步就是从做生意到做企业。很多人总认为做企业和做生意没区别，其实，二者没区别的地方在于都是生意，但做生意只是做生意，就是简单的买卖完成，经常做生意，无非就是这个过程的简单的重复。而做企业，要考虑为社会提供有价值的服务，安排就业，上交税费，捐赠社会等更多的社会责任。要从做生意进化到做企业，需要熬过两关。也就是说从一位合格的生意人，转变为一位合格的做企业的人，需要再熬两个关隘。

第六关，熬得住所有人的背叛

创业者经过千锤百炼，终于熬成了生意人后，面临着生意越来越多，规模扩大的问题，这时就需要增加新人，培养人才，可是最后会发现，你培养的人才要么跑到竞争对手那里了，要么出去开公司直接与你竞争了。

很多创业者起初面对这种背叛情况，心里很是难受。企业信任你，培养你掌握核心技术，掌握做生意的方法，支付你工资，花着培训费送你到外面培训，到好的企业去参观学习，花钱把好的培训师、品牌企业老总请进公司来教授先进的经验做法，你翅膀刚硬起来，没想着怎么为企业做贡献，反而直接跑到竞争对手那里去了。还有的刚培养个半年一年，自己干脆就直接出去开公司了。更有甚者，有的核心高管直接带着公司员工、客户等资源，直接和企业展开了竞争。什么竞业禁止协议，统统是一张废纸。这在成熟的欧美市场，是不可思议的一件事，但在中国目前环境下，却是十分常见的。创业老板走到这一步，心里的气愤、无奈可想而知。心里虽然大骂，太没有职业道德了，然而，这却是无奈的现实。老板无奈久了，也就习以为常了，老板是最能换位思考的一个群体，换个角度来看，也可以理解整体处于财富饥渴阶段的中国人的财富欲求。

老板要熬过这一关，也是不容易的，能熬得住员工的背叛，说明心智成熟了一大步。市场这么大，总要有人去做，大家共同把行业做大做强。本企业的人出去做，确实对企业竞争冲击比较大，但也促进老板不断改进和发展企业，加强知识管理，必须让企业组织离开了谁都能转，于是开始思考建立企业系统，进入下一关的考验。总之，创业者心绪要不断地从激烈走向平和，要把核心骨干员工的背叛当成习以为常的职业选择和市场行为，这样就过了第六关，向做企业迈进了一步，因为做企业和做生意不同，做企业担负着为市场和社会培养人才的责任。这样做，也是为社会培养人才了吧。

第七关，熬得住自己不干活

创业者在熬第六关时，遭遇员工的背叛，思考过建立一套系统，让企业离开了谁都能转，这个谁，也包括老板自己。所以，企业要想成为一个持续运转的系统，首先解决的问题是老板自身的问题，于是老板就进入第七关的煎熬，能否熬得住不干活。

在此书第二章老板能力模型中谈到过，老板创业阶段，必须会开天辟地，要具备工兵能力、专业管理能力、领导决策能力、做 CEO 的能力、投资决策能力等等，然而，熬过了第六关后，老板必须逐步让天地归位，先退出工兵角色，再退出专业管理角色，再退出决策者及 CEO 角色，直至当一个纯正的把握战略方向的老板即可。我把这种逐步退出角色的过程，叫老板的进化，也叫归位，即老板归天位，地位的全部退出来，该谁干谁干。但这个退出是一循序渐进的过程。

在创业阶段，老板必须是全能冠军，没人替你扛，只能自己来，每一个角色都得演好，既是一名普通的一线员工，又是一名四处协调的管理人员，同时又是一名一言九鼎的领导人员，当然还是"金金"计较的企业股东。正是由于自己是企业里最优秀的工兵，所以总想干员工的活，养成了冲锋陷阵的习惯。总觉得员工干活不如自己利落、效率高、质量好，事无巨细，老板都要亲自过问甚至亲自动手。总想冲到一线，看员工干的不行，就自己来干，自己是把问题解决了，但员工怎么办呢？

老板这样干带来的结果是什么呢？一是老板这样干，并不代表员工也会这样干，员工有员工的干法，老板用斧头干，员工也许是用镰刀干；二是老板替员工干完活了，下次员工遇到问题，还等老板解决，产生了懒惰等待的心理依赖性；三是老板往往一插手干活，干到半程，其他更重要更急的事情来了，老板就又忙其他去了，甩下个半拉子工程，老板一走，员工全傻眼了，不知道下一步怎么干，于是工作就搁置那里；四是老板把事情都干了，员工也没有成就感了，也没积极性了，员工啥事都坐等老板来解决。就这样，老板成了救火队长，应急队长，老板越来越忙，企业越来越没效率。企业如果过了百人规模，老板这样干，企业天天就在无序中进行。企业看似规模很大，效率却很低，效益很差。

这也正是一些创业老板熬过第六关后，企业长期停滞不前的原因。老板一直没有完成角色进化。这就像自然界的物种，不进化，就难免退化，即便是万年不易的"活化石"，也无一例外地过着苟延残喘的日子。因为，市场竞争残酷而激烈。

老板像工兵一样干活，负面影响如此之大，但现实中很多老板在企业发展壮大过程中，总是完不成角色进化转变。其原因如下：一是老板没有角色转换进化意识。老板总认为企业是自己的，企业的一切都是自己的，活就得自己干。二是老板不放心"外人"。老板既然认为企业是自己的，其他人都是打工的"外人"，而对"外人"怎么能放心呢？于是总是自己亲自做，或紧盯着别人来做，"心有多大，事业有多大。"这样小心眼儿的老板，自然干不成大事。三是老板知易行难，很难改变旧有习惯。老板在创业初期也许不适应什么都得自己动手做的现实，但随着创业过程中的拳打脚踢，也逐渐形成了"自力更生，丰衣足食"的创业习惯。然而这些习惯一旦深入骨髓，要想改变它，则是很难的，而且是非常痛苦的。四是强化管理比强化经营难得多。企业员工习惯了创业初期宽松的经营运作，有些组织成员也认识到需要加强管理，但一旦约束到自己，就会感到不舒服，企业员工可能适应了老板本人的监管，但一旦转入由职能部门的人来监管，心里也会不舒服，"整天不挣钱，老子养活着你，你的事还不少。你算老几！你也配！"五是老板总认为自己行，几乎创业成功的老板都有一个共同的特点，就是自信，甚至有点自负。于是，每看到他人办事不利索，解决问题不力，就干脆自己来，替员工干活儿。这里，老板有一个错误的心理预期：期望所有的员工都像自己一样干活儿和能干，而这是不现实的。

作为创业老板应该做的是必须完成角色的转变进化。

首先，要从亲自干活的工兵角色进化为专业监管角色。

当业务规模逐渐做大以后，老板就没必要大小事情都亲自出马了，此时期老板的主要工作就是监管员工是否按规章制度办事，经营中是否有新的问题出现，一旦出现问题立即组织人马解决。这时期的老板尽管可以做甩手掌柜不干具体的活儿，但必须盯在一线，也就是必须亲自管理企业。毕竟此时期的企业文化还没有完全构建起来，制度还有许多不完善的地方，员工队伍也还不稳定，还不能形成自觉遵守业务流程的工作习惯，老板本人如不亲自监管，将会影响到企业的正常运转。

其次，专业监管到位以后，老板角色再转变进化为领导角色。

企业运转发展到一定程度，不但经营工作纳入了正常的轨道，就连管理工作也都日渐常规化、程序化，此时老板就应该逐步退出管理者的角色，而把日常的监管工作交由各监管部门进行。不然，一是自己根本监管不过来，二是替监管部门干活儿，反而会挫伤监管人员的积极性。那么老板此时是不是闲下来了呢？非也，此时的老板因为公司的发展壮大，有更多的决策工作及外部协调工作等着去做，同时致力于企业文化建设和员工积极性的发挥，考虑的是企业的宏观发展方向。只有如此，老板才能把企业做上一个层次，跃上一个台阶。从监管角色升级到决策领导的角色，也是需要习惯改变的，是一个非常难熬的进化过程。

其三，实现从领导决策的角色，转变进化为股东角色和董事长角色。

当企业发展到一定规模，成为一间公众公司后，企业的文化底蕴已经非常深厚，经营活动不仅是企业的一种常规活动，而且是行业乃至社会中一项重要的"龙头"，牵一发可动全局，企业员工有一种自豪感和满足感时，老板可以退出领导者的角色。因为企业的运营完全市场化和社会化，并已经形成了完整的决策机制和执行机制，有了成熟的企业文化和特色的品牌，企业的经营决策、日常管理已有了高水准的职业经理人团队来负责，老板只管把握住战略方向，保证企业在规范有序中可持续发展，定期收红就是。这个老板能做到吗？太难了，但为了企业的可持续发展，老板必须改变事事关心的习惯。

如若老板不能随企业的发展完成以上角色的转变，企业要想逐步发展壮大只能是异想天开。也许，全才型的老板自认为有能力同时扮演好所有的角色，但随着企业规模的不断做大，老板不仅自己累死累活，而且累员工，最终累得企业根本跑不起来，只能是维持在小规模水平，稍微一大，便乱象丛生。

因此，企业要想继续发展壮大，老板必须熬过第七关，熬得住不干活，逐步建立流程制度体系，各司其职，各负其责，人岗匹配，按制度规矩办事，干好奖励，干不好受罚。这样坚持一段时间，企业组织自然就形成了有效的运转系统。这样的企业就是团队在干活、全员在干活、组织系统在干活，而不是老板在干活。一个只靠老板干活的企业，原则上称不上企业，因为老板不干了，企业就不转了；老板不管了，企业就乱了；老板不决策了，企业就停摆了。所以，老板熬过不干活这一关，对企业的发展是非常关键的一步，是从简单的做生意，向做企业迈进的重要一关。所以，这一关对习惯于干活忙的老板来说，是一道难关，是改变习惯的一关，但也必须得熬过去。熬过去了，既是解放了自己，也是健全了企业组织，让企业有持续的运转和发展能力，老板逐步完成角色转变进化。

4

从做企业升级为做企业家：还要熬三关

尽管你熬过了第六关、第七关，会做企业了，但还不是企业家，要熬成企业家，还要熬过三关。

第八关，过钱关

创业做老板，钱这一关必须过。这与前面的第五关相关联，但有本质的不同。第五关讲的是赚了钱如何分，是指分钱的艺术和智慧。这第八关，过钱关是指对待钱的态度和理念，钱是干什么用的？很多创业做老板创业初期赚钱太难了，对钱看得太紧，钱在自己的手上能留一天就多留一天，这样才心里好受和有安全感。很多企业之所以形成迟滞付款的习惯，就是这个企业创一代老板没有过钱关的原因，恨不得给员工发的工资能晚发一天是一天，钱能在银行账户上多趴一天，就多产生点利息，是法国作家莫里哀笔下的"悭吝鬼"，对钱上瘾。为了钱，为了赚钱，不考虑手段和原则，只是为了钱，忘记了钱是为人服务的，钱是为做事服务的，钱是实现自己人生事业目标的手段和工具。一句话，把钱和赚钱当人生的唯一目的，对钱有嗜好，就是没过钱关。过钱关者，钱就是做事的手段和工具，而不是目的。

有一间化工企业，员工都过千人了，老板每个月头疼的一件事是给员工涨薪，每个员工都亲自过一遍，每个部门负责人都要为此打一堆报告。老板更是抽去几个晚上反复琢磨。企业每出一笔钱都得老板自己签字。结果企业越经营越差。老板始终过不了钱关。

第九关，过权关

很多老板不放权，不放权的原因是不自信——企业做大了，对企业管控能力不够。在创业过程中，被伤害次数多了，对人不信任，企业的章交给谁都不放心，有的企业都做到几百人规模了，上亿的收入了，老板还亲自带着公章、财务章。这只是个缩影。过权关，就是企业形成分权授权体系和机制，对权力放得出去，收得回来，收放自如，目的是为了组织安全前提下可持续发展。有一位老板，战略眼光非常独到，20世纪90年代就看到了未来房地产的发展机遇，于是从承包工程开始逐步进入房地产领域，后来发展得不错，但始终过不了权力关，要么权力把得很紧，要么把权力放出去失控。企业就在这权力的松紧及失控状态下跌跌撞撞前行，尽管前期做得很不错，后来错过了一个又一个机会。

第十关，过信息关

企业发展到一定程度，老板必须学会装聋作哑，看见了全当没看见，听见了全当没听见。这才叫过信息关。如果老板能眼观六路、耳听八方，比谁的耳朵都灵，比谁的眼睛都尖，火眼金睛，这样的话，员工在组织内会是什么感觉？日常企业管理有员工守则，有制度有流程，有管理者，一切按制度办事。管理者失职，就追究管理者责任，不能是老板本人亲自监管。这一是太累，二是不可能监管到位，三是你看见和听见的也不一定为实。另外，老板过信息关，也是一件不容易的事情，做到装聋作哑，这是逆人性的行为，但老板必须修炼过这一关。

一位老板也是20世纪90年代中期就开始做服务业，曾在留学移民领域做得非常靠前，由于总是过不了信息关，爱听小道消息，于是各路人马争相汇报。每次出差回公司，部门负责人抢着汇报工作，第一个进去汇报工作的，喜气洋洋走出来；第二个进去的，常态走出来；第三个进去的哭丧着脸出来。随后，就不断叫人进去，开始批评。而且老板还爱安插亲信打小报告，现在通讯工具发达了，更是小道消息漫天飞，从来不走正规的渠道了解信息，职能管理部门的负责人烦透了，但也无法改变老板这一习惯。结果企业从第一方阵跌进了第二方阵。这就是老板过不了信息关的危害。

老板熬过第八、九、十这三关，就熬成了企业家，企业就会规范有序地运转，这时老板的常态使命就完成了。但是，企业的外部环境是不断变化的，尤其在当今时代，外部环境变化太快，太令人无所适从，外部环境变化带来企业内部的变化。企业就像人一样，也会因外部环境聚变而生病，也会因意外而带来灾难。所以老板熬过了前十关，熬成了企业家，企业是否就不需要老板了呢，老板的价值就不存在了呢？当然不是，老板继续熬，熬成"过河拆桥"的超人，还进一步熬成像蜘蛛侠那样的超级英雄。

5

第十一关，熬成"过河拆桥"的超人

创业老板熬过前十关，已经十分不容易，但还要熬过一关——"过河拆桥"。这一关要经受情义的考验。自己要经受"背叛"自己的创业团队，及自己要"背叛"自己的考验，实在太熬心了，但必须得做。

古往今来，"过河拆桥"一直是标准的贬义词，拆桥者也历来遭人无数的唾骂，从宋太祖的杯酒释兵权，到朱元璋的火烧庆功楼，无不成为千古谈资。但我在此所说的"过河拆桥"却是与"卸磨杀驴"完全不同的褒义词。其实，"过河拆桥"之所以声名狼藉，只是因为历史上许多拆桥者没有把桥拆好，玷污了这个好词。因此，创业成功后的老板，首先应考虑的就是如何拆桥，以及如何提高拆桥的能力。

"过河拆桥"在企业的创业过程中是老臣们心里和私下常念叨的："哼，刚过河，老板就要拆桥啦。"语间流露出老臣们无限和无奈的哀婉。是的，一想到未来要被拆掉的危局，他们心里的悲凉是可想而知的，悲凉的同时还有对企业组织无限的留恋。很自然，老臣首先是有功劳的，企业能有今天是与他们在创业过程中所付出的辛劳、智慧、奉献、奋斗密不可分的，同时，他们对企业组织是有感情的，因为付出汗水的同时，也对企业建立了深厚的感情。然而，当老臣们在心里哀叹自己的命运和怨恨老板过河拆桥的同时，可曾想过老板过河拆桥的真正原因？其实，老板们拆桥也是实出无奈，因为真正的原因常常在被拆者本人。如果换在老板的角度，过了河应首先想到拆桥；而站在企业组织的角度，过河必须拆桥。因此说，"过河拆桥"是必然之举，也是必要之举。

为何过河必须拆桥？

一句话，为了企业的发展需要。

过了河必须要拆桥，只有桥拆了才能继续前行。留着桥不拆，企业就有可能踯躅，就有可能走回头路，而残酷的市场竞争哪还容得企业原地踏步乃至走回头路？

市场竞争的残酷性逼迫企业不断提高企业的竞争优势。市场竞争是激烈的残酷的，市场上同类同质企业有许许多多，企业之间的竞争是看不见的硝烟。企业在市场的大海中如逆水行舟，不进则退，因为强势企业、弱势企业，大企业、小企业，老企业、新企业、新新企业，每天都在不断地争夺市场份额，竞争在所难免，关键是如何提高竞争力和竞争优势的问题。所以企业创业成功后唯一的出路就是继续前进和发展。

市场竞争和企业发展逼迫企业不断作出内部的结构调整，不断增强企业经营能力和管理能力。

创业成功靠的是经营能力，要继续发展除了不断持续提高经营能力，巩固和扩大原来的经营成果外，还必须加强管理能力。因为随着业务量的增加和市场竞争程度的加剧，经营能力如果不提升，只能败下阵来，而且经营本身也需要加强管理，如市场管理、营销管理、品牌管理、经营业绩管理、经营队伍管理、客户管理、商品通道管理等等。此外，产品、设备、资金、账目、各种文件档案，企业发展历史积淀、企业内外大量事务、关系资源、社会上各种有利和不利的影响企业发展的要素、竞争的加剧导致客户心理需求上升进而需要企业不断为提升服务质量而增加员工培训和提高技术服务手段等等要素,持续性地一天天地增加,而这些都需要管理,没有管理或管理力量比较弱,企业肯定是一团乱麻。缺乏管理的企业如同人体缺钙,会得软骨病,是不可能健康茁壮成长的。

无论是持续提高经营能力还是持续增强管理能力,都需要增加新人,这新人不仅体现在数量上,更体现在质量上,以及人员素质结构的匹配上。只有不断增新人,才能提升企业经营市场的能力、服务客户的能力、管理组织事务的能力,否则,提升企业的竞争优势,发展和壮大企业组织只能是说说而已。因为,原来创业队伍人员的数量、质量、素质结构虽然适应过去创业阶段,但不一定适合新的阶段,新时期有新的市场竞争形势,而竞争形势只能是越来越激烈。即使不增加业务量和其他一切,原来的队伍若没有改变,也不能使企业继续发展,甚至不能维持现状。人的天性是懒惰的,没有新人的增加,从进化论的角度讲,原来的人马自然惰下去,这是自然的规律,谁也无法改变和抗拒。所以,企业创业成功后增加新人是必然的,不增加,企业只能是退缩。

当然,增加新人不仅是增加经营人员,而且增加企业的财务人员、行政后勤人员、技术人员、企业战略规划人员、研发人员;不仅增加一般性工作人员,而且还要增加能提升企业经营品质和管理质量的较高级人才,而这些人才与原来创业时所需要的人才不仅是结构上匹配和补充,是企业发展壮大之必需,而且是质量和品质上都要高一筹,不然,企业最多只能是规模上做大,而实质上不能做强,企业做大主要是体现在人员的数量和人员结构的匹配上,企业做强则主要体现在人员的素质和能力优势上。

新人的加盟对企业组织是必需的，但对原来的老人则是巨大冲击，这个冲击首先体现在心理上。那些客套的欢迎词都是作为人们的社会属性的反映，而人还有自然属性一面，人在遇到外界信息刺激时，首先是自然属性的条件反射，其次才是社会属性。因此新老人之间的摩擦和磨合都是必然的，作为企业组织若新旧磨合不好，必然会摩擦升级，给企业组织带来内耗和风险。

新人与老人摩擦主要体现如下六方面。

一是权利的细分和再分导致新老员工心理上抵抗和工作上矛盾横生。二是因工作方法的不一样导致老人倚老卖老，新人仗新说新。三是老人守成的懒惰天性导致老人守旧，新人要立新。四是因在企业的资历不同导致老人拿权威说话，新人拿制度说事。五是因对企业环境熟悉的程度不一导致老员工得心应手老文化，新员工雾水蒙蒙欲构新秩序。六是因思维方式的不同导致创业人员思考问题多靠形象思维，新人解决问题往往靠逻辑性思维。

企业招聘新人的目的是让其发挥自己的能力，促进企业的发展，然而无形之中成了挑战老员工的对立面。企业要发展，需要新人，新人的加盟又带来如此多的矛盾。老板若不妥善解决这些矛盾，会带来严重的后果，气走新人，得罪老人，企业发展无从谈起，甚至生存都是问题。所以，企业要发展必须不断吐故纳新，面临新旧矛盾时，如何解决这些矛盾，是考验整个组织的运营能力的。所以，拆桥的本领也是衡量一个企业掌舵人能力的重要指标。

当然，新人的加盟，企业面临的绝不是新旧之间的矛盾，还有如何管理新人的矛盾，而新人管理的最大问题是对新人不了解。

总之，渡过创业阶段，必需"拆"老人，这是市场竞争的必然，企业管理发展阶段的需要。

不拆的结果是什么？

企业创业成功后，如果不拆桥，这些老功臣如果不能跟上企业发展步伐，将对企业的发展形成极大的阻碍，矛盾积累多了，就会反目成仇，损害组织的发展。矛盾积深了，作为企业的掌舵者，被逼得不得不下狠心"杀"掉这些拉过磨的"驴"，甚至会一边"杀"一边怀着仇恨恶狠狠地说："本来不想杀，做得太过火了！"

错过拆桥最佳时机的结果有如下负面作用：首先是这些被"杀"掉的"驴"，心怀仇恨离开了企业；第二，有可能与企业捣乱；第三，赌气跑到竞争对手那里去，泄露公司核心机密；第四，自立门户，且不说成与不成，但企业至少平添了一个竞争对手，甚至这些新企业专门与原来的企业对着干；第五，闹得太僵的话，原来的企业可能树立死敌，甚至有可能威胁到企业的正常活动，甚至还有过激的行动。不拆还有可能会导致老员工之间矛盾重重，老员工之间互相攀比待遇，甚至企业内部山头林立，自相残杀。不拆的第三种结果有可能是老板自己被老人炒鱿鱼，被政变推翻。当然不拆的最终结果是导致企业灭亡。

回过头来看，要知道这些创业团队里的人都是自己最亲最近的人，不然，也不会一起创业，可到最后反亲成仇的悲剧怨谁呢？只能怨老板自己不及时拆桥。

桥拆不好的结果是什么？

企业创业成功后，不得不加强企业管理，包括经营管理在内的各方面管理。加强管理必然导致管理费用上升，同时企业外部市场竞争更加激烈，企业的生存压力逐步加大，因老员工循旧，必需引进新的创业者，提升企业的经营能力。不然，企业就像青蛙，在市场竞争的海水加热中慢慢地死去。许多企业老板都明白这一点，因此在创业成功后有意无意地拆桥，但有些企业就是不知道怎么拆，拆不好桥，结果是导致新老员工矛盾重重，不仅加大了企业的运营成本，使企业平添许多负累，造成内耗，而且还会导致企业的加速死亡。所以，如果桥拆不好，轻则老板落下了骂名，重则企业会遭受覆亡的危险，这种事情不胜枚举，信手可拈。

过河后如何拆桥？

首先细分老员工。参与创业的老员工（含创业者和普通员工）面临企业的发展有多种心态，能力也得重新考量，针对不同的思想心态和能力大小以及特点的不同，应采用不同的拆桥法。

企业创业人员在创业过程中不同程度地积累了丰富的创业经验，作为企业的掌舵人，在创业完成时，就应该通盘考虑，哪些创业功臣还能够进入企业下一步的发展，哪些不能。对那些不能促进企业下一步发展的创业功臣，就应当妥善安排，尽快离开企业组织，这就是说要尽快拆桥，而对于能进入企业下一步发展的老人，也有必要重新武装。

有帅才想法，也有能力做帅者，应给予充分的发展空间。

有想法且有能力独立支撑一片蓝天的，就应开设分公司，或单独成立股份公司，让这些人在这些新公司担任要职，发挥他们创业的特长，继续让他们再创立新的事业。最初的创业团队中有的是能人，只不过各有千秋，能人再多，也只能有一人掌舵，所以，各种原因，大家推荐了一人掌舵，因为大家当时只有一个目标就是创业成功。最初创业者队伍中想掌舵的人也不只是老板一人，即使当时创业队伍中唯有老板一人能够掌舵，或想掌舵，但随着时间的推移，这些创业者的能力也都获得了锻炼，即使原来能力差者和不想掌舵者，此时也有可能不甘人后，想亲自尝尝当帅的滋味。此时，作为组织的负责人，应及时了解创业团队中每个人员的心理活动，应尽量满足这些人的愿望，而不应压制，压制有可能出问题。因此，要积极给予这些有想法有能力做帅的人开拓新领域新事业，而新的事业与现有的事业应是互补关系，而不是竞争关系。因为若是竞争关系，大家都相互了解底细，容易闹矛盾，在设立新的事业时应充分考虑这一点。所以，企业掌舵者如果有条件做到这一点，就应主动为那些能者铺好进路，至于合作形式可以多种多样，具体问题具体处理。总之，应主动给这些人提供舞台，最起码给这些人相对独立的工作，满足这些人当帅的心理需求。当然，只是有想法而没有独顶蓝天的能力者，就不要勉为其难。那样是害他。

第二，有一定能力而没有更多想法者，武装后继续前进。创业团队里并不是所有的人都有"异志"，但这些人确实为企业发展做出了贡献，积累了丰富的创业经验，有一定的能力，但不想另立门户，也许感觉自己不是那块料，更想继续和组织一同前进，怎么办？对这些人，企业应安排他们学习充电，参加各种培训，尤其有针对性地安排关于企业发展创新的课题培训，目的是让这些员工开阔视野，改变思维习惯，改变思想状态，认识到自己必须不断学习新东西才能适应企业发展，不然就会成为企业发展最大的阻碍者。让这些老臣通过培训学习充电，自觉转变思想观念，主动配合企业新人，积极为企业创新发展再立新功。思想意识不转变，让这些老臣为企业发展再做贡献是件难事，而且在无意之间就起到阻碍作用，因为即使他非常有能力，但思想不转变，看着新人别扭，对新推出的规章制度和经营方式感觉不舒服，很难做到辞旧迎新，融入企业新的发展阶段，抱着过去创业的想法和做法，怎么能与企业与时俱进？

第三，有潜力者应继续培养。有些老员工（主要是指一同参与企业创业过程的普通员工）在创业阶段其能力得到了发挥，但面临新的发展阶段，其能力不能适应，而这些人愿意跟随组织一同发展，且愿意学习新东西，有培养潜力，那么就应主动积极地对这些人进行能力培训，帮助他们选择好的培训班，鼓励其业余时间学习。通过各种专业的培训学习，使这些人在能力上能够适应企业新阶段的需要。在培训能力的同时，也要进行思想转变培训，使这些人的思想首先转变成一个组织上的新人，不然的话，即使有了能力，他同样不能与企业一同前进。作为企业组织，不能让其一走了之，因为，一名员工从本意上讲是不愿离开曾经奋斗过的组织的，更何况与组织结下了深厚的感情。老员工之所以离开组织有其各种原因。所以一个愿意跟着组织前进的人，组织是不应主动抛弃他的。

第四，对没有培养前途，主观上不愿进取者，不应心慈手软。老员工中可能会有一些没有培养前途，主观上不愿进取的人，应当妥善安排走人。对于一同参与创业者，给予适当的分红股份或期股；对于那些最初参与企业创业的普通员工，应给予一定补偿，如多给予一些薪水和人文关怀，或者主动帮助这些人联系到新工作，帮助其找到能发挥其能力特长的新的工作岗位。但无论如何是不能让这些老员工继续留在不能胜任的岗位上，这不简单是新人不好管老人的问题,而是影响其他人工作情绪的问题。企业对那些有能力的员工不发愁,因为有能力的员工容易找到工作,而没有能力的员工不好找工作,所以有些企业在操作上对这些已不能适应企业发展的老员工往往不忍心让其走人,而是让其滞留在企业中。这些员工留下来的问题是,影响其他员工的工作情绪,其他有能力的员工有可能感到不平走人,企业出现不良的企业文化氛围,于是企业组织就出现劣存优走的局面。长此以往,组织就日渐衰退。因此,有些企业宁可让这些人带薪休息,也不能让他们成天到工作岗位上晃悠。所以,作为企业组织,对这些没有能力也不愿继续进取的老员工最有效的办法是尽早积极妥善安排其走人。因为差者不走,优者必然走。

何时拆桥?

企业创业成功后何时拆桥呢?把握火候是关键。过河后企业掌舵人考虑的第一件事情就是拆桥,最好是把庆祝创业成功的盛宴和拆桥有机结合起来,在奖励每一名功臣的同时也给大家安排好进路。变被动为主动,变消极等待为积极出击,变散伙的凄凉为再创大业的鼓舞人心的喜庆。如果不在此时光明正大地拆桥,过后这些创业功臣就会私下议论,揣摩掌舵人拆桥的心思,如果久拖不决,拆桥的阴影就会深深烙在这些创业功臣的心理上,对企业组织会产生消极影响。

当然拆桥也是个循序渐进的过程,时机不成熟不能强拆,对被拆的个人来讲,就是在他行将完成一件工作的那个时候起开始考虑,一旦完成此项工作,在做表扬的同时,就应派做新的工作,让工作等着人来做,而不能让人闲来无事等工作做。新工作也许眼前不做,但必须提前派下去,也就是说让人心中必须有工作,有目标。一个人心中没有工作,没有目标,就会无事生非，即使闲人本人不生事，闲人周围的人也可能要生事。大家之所以积聚到一个企业组织中，是因为大家一块做事情的，如果有人整天无事可做，那么组织结构就失衡了，这个失衡首先是人心的失衡，进而导致工作上的失衡，每个企业组织的一员就像汽车上不同的零部件，任何一个停止工作，汽车都不能保持优良的运动状态。

作为企业组织，在不断的发展壮大中应不断地拆掉旧桥，建新桥。如果过河了没有拆桥意识，或有拆桥意识，但就是不知道怎么拆，或拆桥没有拆好而拆坏了，最终的结果只能是卸磨杀驴，给企业带来更大的运营风险。所以，企业掌舵人首先要有过河拆桥的意识，其次必须学会积极的拆桥艺术，而且只能拆好。拆好了不仅不给企业增加运营的成本，而且还会使企业增加活力、凝聚力，形成良好的企业文化氛围。

老板要熬成拆桥的超人，这既是艺术和智慧，更是一种道德心理的考验，是一种超越自我、超越情义的大我无私的行为，是对企业组织、对社会的负责任的体现，是超越了个人私利和情感的高尚行为。所以，熬到这种程度，是更高一层面的事情。

6

第十二关，熬成超级英雄——蜘蛛侠

创老板们对所创的企业组织来说，熬过前十关后，继续熬成"过河拆桥"的超人，最终把自己拆掉，然而是否就可以退休了呢？不是。还要继续熬，熬成超级英雄蜘蛛侠。需要你时，及时出现，为企业解困；不需要时，躲在谁也看不到的地方，默默疗伤，痛并快乐地欣赏着肌体中残留的光荣弹片。

创业老板的风险与企业的风险紧密连在一起，要防范创业老板个人风险，包括个人身体健康风险、能力风险及个人魅力风险等等。常态下是尽量减少创业者的个人魅力带来的风险，准确地说就是成熟时期尽量减少创业者个人魅力。成熟时期尽量减低老板的色彩，就是要靠系统来运营。像新浪网一样，没有了创业者王志东，新浪网照样运行。

创业者个人魅力在什么时候需要彰显出来呢？第一，企业创立时；第二，企业成长时；第三，企业突破时；第四，企业转型时；第五，企业遇到困难时；第六，企业破产时。

只有一种情况下不需要个人魅力，那就是企业成熟时期。换句话说，没有个人魅力企业不可能创立、成长、转型、突破，不可能在问题阶段把问题解决，也不可能让企业很好地破产掉。二战时期，危机时刻英国人民选择丘吉尔做了首相，最后带领大家赢得胜利，但当距离胜利还差两个月的时候就把他选下去了，因为人民看到了胜利的曙光，就不需要他这样的胜战英雄了。企业和国家一样。企业只有在需要能人的时候才需要老板挺身而出，当企业走向成熟的时候，人们会认为老板是多余的。

所以，当创业者把企业创成后，若不继续突破，创业者对企业来说就是多余的，你很有可能被剔除，当别人都在享受你创业成果的时候，你唯一要做的就是躲在没人知道的暗处，默默地舔舐自己的伤口——那是创业过程中战斗的印记，印记里面还存留着光荣的弹片。有多少创业英雄，目前还都在牢狱中蹲着，舔舐着自己的伤口，而他创立的企业在为社会、为员工、为他人提供着服务，安排着就业，上交着各种税费，捐赠着善款。如果创业者能做到这一点，也说明企业真的创成了，老板也能心安休息一下了。

当别人都在享受创业者成果时，创业者一边在舔舐自己的伤口，一边还无怨无悔地为企业的未来持续地思考着、谋划着，也许这时的企业根本不需要你了。创老板们，不仅要熬成超级英雄蜘蛛侠的本事，也得熬成进无所畏惧、退得心甘情愿的心态，这是啥境界啊！这就是父母为了孩子愿意付出一切的姿态。

7

第十三关，新时代民企老板的活法
——熬炼成仙

创一代老板经过前十二关的煎熬，对所创的企业都熬成了父母对孩子的姿态了，仍然不行，还得熬炼，因为人无法选择他出生的时代，你出生在这个时代就得经受时代的熬炼，要把自己熬炼成仙。如果不是仙，你会和时代叫板，非纠结死不可。

我们处在从权力生态环境向资本生态环境转型时代，这个时代的基本特征就是个体分裂：人的精神世界和物质世界的分裂。精神世界还徘徊于轻商、灭商的生态，而物质世界已跨入了商业资本的生态。虽然说物质决定精神，但固有的精神要与时代同步，还有个过程。而这个过程，是漫长而跌宕的。

每个时代的历史画卷，都由三类人写成：一是引领时代变革者，二是维护社会秩序者，三是观察、思考、记录者。三者同等重要。那么，生活在这样的转型时代，过去一直扮演变革引领者的民营老板，未来该扮演怎样的角色？该怎样活下去？这注定是个致命的命题。

笔者的答案，就是五个常识性定位。之所以说是常识，是因为明明白白就放在那里。但老板们"入戏太深"，往往忘记，或视而不见。

不兼顾就是黑社会

常识一，企业定位。企业的成长就像人的成长，要经历婴儿、幼儿、小学、中学、大学、成年人等各个时期。本身角色身份变了，担当责任也变了，社会对其要求也变了。不能因为小时候成长得艰辛，而放弃对角色转换后的责任。好比一个成年人不能还耍孩子脾气。

老板的风格形成了企业文化。但在从小到大的过程中，很多企业做事风格却没有改变。其实在创业、规模、垄断阶段，做事风格应有本质区别。创业阶段，企业弱小，没有任何竞争力，只能同大企业和社会方方面面抗争，勉强生存；规模阶段，企业大了，有品牌，有资源，纵横市场，主要行动就不再是抗争，而是参与竞争；垄断阶段，全行业唯你马首是瞻，企业的一举一动，将波及社会方方面面，甚至影响到政府政策和社会稳定。

企业做大了，如果只顾自身利益，结果可想而知。垄断企业的绝对优势会击垮中小企业，控制上下游产业链，赚取高额利润，造成社会生态失衡，带来深刻的社会危机，于是就业问题、公平问题、社会稳定问题、损害消费者利益问题等会立即出现。如果企业掌舵人不能认识到这一点，其实就是变相的黑社会。如果企业再利用自身的市场绝对优势，和官员勾结，廉价获取更多的政策资源及支持，结果必然是断掉大多数企业和芸芸大众的活路。

如果老板能明白这一点，就会在企业做大后，做出相应调整。如果还只是停留在"守法经营"而唯利是图，导致大家都没活头，那垄断企业的老板也就快活到头了。

没分好就会被人抢

常识二，社会定位。民企老板必须明白一点：企业小的时候是个人的，大的时候是社会的；赚钱了是大家的，关门破产了是自己的。这是因为，企业还小时，老板几乎没有任何影响力，对社会来说处于有你不多、没你不少的状态。当企业做大了，虽然名义上是你老板的，其实是全社会的。因为企业足以影响到顾客和上下游客户的利益，以及人才的职业选择，员工的家庭收入，银行的信贷，政府的税费，国家的相关政策制定等等。所以，企业做大了，不是老板一个人的事，也不是内部几位高管的事。

所谓"赚钱了是大家的"，这个"大家"就是与企业相关的利益关系。只要你赚钱了，利益相关者都会眼红，都想分一杯羹。如果"分赃不均"，就会出问题。对弱者你分不好，就会闹事；对强者你没分到位，就会有人抢；核心成员你没分好，就会闹内讧；对官员你没分好，就会被卡脖子；对政府你没分好，就会招来权力和法律的棒喝。即便是一位学者与你吃了顿饭，出了一个主意，他都会认为自己功大于天，价值千万。正是因为赚钱了是大家的，大家都想分，都认为自己出力最大，得到的应更多，而没得到预期时，就认为老板抠门。这就是天下老板都被骂抠门的原因。企业红火时，热热闹闹，门庭若市，同为利来。一旦企业破产关门了，就看谁跑得快。据说钰诚集团被查的当天，全国几乎所有的办公区转眼之间被抢得精光，狼藉一片。如企业破产时，还有员工与你患难到最终，那这人一定是大义之人。

如果老板明白了这一点，就会少很多内心的纠结，活得坦然。

眷恋资本就是人民公敌

常识三，时代定位。作为民营企业老板，把企业做大做强，一定是付出了常人难以想象的代价。但也请记住一个常识，每个时代都有每个时代的主旋律。对当今中国社会来讲，这是个转型时代，是资本初临的时代，社会的每个毛细血管里都渗透浸染着资本的血液，人人都向往拥有资本，都想得到它。于是谁先得到它，谁就是公敌！面对资本时代的来临，有着5000年文明史的中国人进退失据，左右不是。所以，创业有所得后，要想过得安好，就必须懂得放弃。

很多人都想创业当老板，正是这样的时代环境，创业老板们有太多的无奈，尤其创业有所成后更是无奈。人人都希望拥有资本，却不知道拥有资本后该如何办。

这是创业的时代，时代呼唤创业家。创业就是在为社会提供有价值服务的基础上，安排就业、上缴税费、捐赠社会。如果创业有成的老板还在抱怨社会不公，那其他人尤其创业无成的人抱怨谁去呢？就像改朝换代时，人人都想当皇帝，你当了皇帝，还抱怨辛苦不易，其他那些牺牲掉的数以亿万计的人该抱怨谁呢？

成熟的资本社会是什么样，扎克伯格的裸捐就是示范，不捐款也过得踏实，但生命句号时候遗产税在等着你。至少法律上、形式上是这样。

创富成功就是伤害他人

常识四，历史定位。老板应明白一个亘古不变的常识，物质财富和精神财富是有本质区别的。古往今来，没有任何一个人因为物质财富而名垂青史。原因是，物质财富是有形的，具有唯一性和排他性：你占有了，别人就无法占有。一张桌子，一个苹果，都是你拥有了，别人就不能享有。一块钱，到你腰包了，别人要想拿走，就得"想办法"。所以，民企老板，当你把企业做到1000强、100强、10强、首富时，千万牢记：这个成功，只是对你个人而言的。对社会来讲，则意味着你占用了更多的社会资源，因此你的责任就是回报社会。对他人来讲，你的成功则意味对他人的伤害。因为你财富上的成功，往往意味着他人财富的相对减少。所以，财富上越成功，越容易招致非议和仇恨。

对与你有社会关系的人来讲，你在物质财富上的成功，就是对他人的最大伤害。你创富成功了，即使是邻居、闺蜜、同学、战友、亲戚、兄弟姐妹们，谁会真心为你高兴？这就是人心。所以，当你成功了，你招来的只是他人的嫉妒，掌声的背后一定是隐约的不爽。这个世界上从内心深处真正能为你成功而喝彩的就是你的父母。但即使你父母，也会想着让你帮助你的同胞兄妹。如果你不帮，你的父母也会不爽。

这就是财富的排他性。应该牢记，你的成功就是对他人的伤害，尤其是财富场。

那么，为什么名垂青史的都是思想家、科学家、发明家、文学家、艺术家呢？因为这些人创造的东西，是可以分享的。而且越分享越多，越分享越有价值。思想、艺术、发明、创造等，都有无限复制性。复制的人越多，效能就越强。比如老子的思想，牛顿的发现，爱迪生的发明等。

人类最顶级奖项的设立者诺贝尔，一生拥有355项专利发明，并在全球开设了约100家公司和工厂，积累了巨额财富。但不会有人长期记住他，更不会由衷赞美他，直到他逝世的前一年，立嘱将其遗产的大部分作为基金设立诺贝尔奖。因此，诺贝尔一生的精彩，是在他死后。他为中国民企老板们给出了历史定位。

人生，终究是平衡的

常识五，人生定位。汉光武帝刘秀是汉高祖刘邦的九世孙，汉景帝的儿子长沙定王的六世孙。但到他父亲刘钦，已只是县令小官了。而刘秀才9岁就成了孤儿，生活无依无靠，寄人篱下，最终被迫冒杀头之罪造反，没落成反民，但最后反倒成了皇帝。这就是世事变迁，血脉无常。所以，每一个还活在世上的人，都至少说明你的先祖中曾有很了不起的人物，不然就没有今天的你。明白了这一点，你就有信心战胜人生中的每一个坎儿；明白了这一点，你就会善于迂回、退让，甚至拒绝。这样做，并不是简单地苟活，而是为完成生命赋予的使命。

每一个人的生命，被赋予了三个使命：第一，每个生命都有健康平安终老的资格。完不成这一点，就对不起生命，所以不要自杀。自杀，说明生命遭遇了无法承受之重。为此练就内心坚强，就是人生的必修课。第二，完成人类传宗接代的使命。这是作为人类一分子最起码的责任。第三，要让自己的付出大于自己的所得。只有这样，人类才能有正向积累，才能得以健康前行。要做到这三点，真的不容易。

人生，终究是平衡的。

8

第十四关，救赎与涅槃——熬化成神

创业当老板必须在爆发状态下工作，其他人可以把工作和生活区分开来，工作是工作，生活是生活，但创业老板必须把工作当工作，把生活当工作，把一切都当成工作，恨不得一天24小时处在工作状态（因为做梦也在工作），而且是爆发状态，星期天不休息，习惯没日没夜的工作，这叫5加2，白加黑的工作方式，让老板恢复常态，反而不适应。其他人也有爆发工作的时候，但大多是常态工作方式。即使创业有成后，老板也永远是爆发状态下工作，网上流传着王健林一天飞三个国家的行程，85岁的力宝集团创始人李文正保持每周飞行24次航班，一天开三个会的工作强度。因为，老板不同于其他群体，这是个生活、工作、生命三位一体的人群，除了工作，没有其他。

创业老板爆发状态工作，带领团队，创下了一定事业后，成为一定财富的拥有者，赢得的是什么？赢得的是千夫指，草根创业有成后赢得的是全民公敌。

因为创业首先就是救赎的过程，只有抱着这种心态，才能创业有成，创业就是上辈子欠别人的，这辈子来还的，这叫救赎。

啥都不欠，创哪门子业？

很多人创业前向我咨询的时候，我就问他："你上辈子欠别人的吗？"

答曰："没有。"

我问："这辈子欠别人的了吗？"

回答："没有。"

我说："啥都不欠，你创哪门子业呢？"

很少人能够理解老板的真义。一个企业做了十个亿规模，就意味着欠了社会十个亿，如果做到了一千亿一定是欠社会一千亿。不创业做老板不用理解这个东西，做老板应该非常明白才对。你做十个亿规模，说明你的企业与社会有十个亿的服务合同，你与社会方方面面有十个亿的应付款合同和应收款合同，不然就构不成企业的十个亿收入。常态下企业收款、付款顺畅地流转着，像水渠流水一样。当企业发生挤兑的时候，你欠别人的十个亿，债主会一哄而上，上门逼债，而别人欠你的十个亿都赖着不会给你。

尤其在目前的企业生态环境下，有太多的不确定因素随时都有可能导致企业发生挤兑，挤兑了怎么办？在这个危机的时候要看老板能不能担当起来，担当到什么程度。如果担当不起了，欠别人十个亿，账上只有一个亿怎么办？两条路，要么拿着一个亿跑，要么跳楼自杀，很少企业老板能扛过这个挤兑风险的。

国有企业和国有银行为什么能扛过,那是国家财政不断输钱支持,作为民营企业家老板是很难扛过的,不要过多责难企业老板的自杀和逃跑。如果企业老板能够处理这些危机,把东西变卖了应付了挤兑,那就是英雄好汉,大家崇拜的英雄,虽败犹荣。不是被逼无奈,万达不会贱卖文旅和酒店。断臂求生,彰显王健林的英雄本色!

所以说,企业做得小,说明你上辈子欠别人的少;做得越大说明你上辈子欠的越多,你这辈子还的越多,还完了就行了,没还完就接着做大,直到还完为止。因此说,创业首先完成的是救赎,其次是涅槃。

滚烫的资本!

牛根生创立蒙牛企业就是典型的从救赎到涅槃的案例。创业过程中他把股份都分散给大家了,大家一起创业走过来了,不分给大家,一起创业的兄弟们不满意,很难创成大业。把企业做大以后,牛根生又把自己的股份捐赠了,捐赠给老牛基金,自己不要利,只要名,自己和家人一股不留。刚开始人们都高兴和欢呼,为老牛的做法叫好,老牛受到一致好评。然而,老牛的好日子没过多久,又有负面攻击了,大有不把老牛搞倒搞臭不罢休之势。没办法,老牛只得卖身投靠,把蒙牛卖身给中粮集团,中粮集团是谁的?国有的,国有的是谁的?国有就是无有,谁的都不是。谁的都不是,人们可以接受,只要不是你老牛、老猪、老马、老鸡、老狗的就行。结果老牛的风波才算过去,谁让你蒙牛、老牛牛呢。老牛的风波应该说算过去了,也只能说可能是过去了。不过,什么时间要算算你老牛的账,总能找出来,因为账本还在。

所以,通过创业有所得后,要想过得踏实安好,就必须再放弃，就像张大中，卖掉大中电器是放弃，上交5个多亿所得税是救赎，不然过不去。其实，放弃的过程就是涅槃的过程。

为什么还有那么多人都想创业当老板呢？都看见了做老板的精彩，没有看见做老板的无奈，尤其创业有所成后的无奈。都希望拥有资本，还不知道拥有资本后该如何办，尤其在目前的社会环境下。

创业就是从救赎到涅槃的过程

创业者应该有这样的创业精神："我不下地狱，谁下地狱！"如果说救赎是人间裸奔，涅槃就是天堂里的舞蹈。

创业就是为社会提供有价值服务的基础上，安排就业、上缴税费、捐赠社会，这既是物质救赎，也是思想灵魂的涅槃。套用一句话来讲，就是取之于民，用之于民。如果创业有成的老板还在抱怨社会不公，那说明你思想的救赎还没有完成，如果你抱怨，那其他人该抱怨谁去？毕竟你踏着时代的浪潮，奋勇搏击，拥有了资本，你捐赠了，你上交了税费（且不管税费上交后怎么使用），你安排了就业，你带领着团队，拼死拼活地为社会提供着有价值的服务，而其他人却不曾拥有。所以，创业救赎不是简单的财富上救赎，更是思想上、灵魂深处的救赎，灵魂救赎了，才能真正涅槃。

没有完成救赎，也就不可能涅槃，救赎是在现在，涅槃是在未来，是在天堂。救赎是物质上的贡献，涅槃是思想灵魂的洗礼，只有当你彻底地完成救赎，才能真正地到天堂里舞蹈。

这是创业的时代，时代呼唤创业家，正像战争年代呼唤战争英雄一样。太多的人投身于战争，但历史能否记得这些英雄，很难讲，历史记住的毕竟是少数，绝大多数都淹没在历史的长河中。创业者在人间有的完成了救赎裸奔，有的没有完成，但完成者请坚信，天堂里一定有你精彩的舞姿，且伴随着美妙的音乐。

老板能修炼到这境界，就算真熬成了！

结语：啥样的老板必出事

我曾在官员培根警示录中，谈到啥样的官员必出事：一是有才、高调、霸道三合一的官员必出事；二是权力、荣誉、财富三者相交的官员必出事。根据长期对老板的跟踪，尤其近半年与老板们交流接触，特撰"啥样的老板必出事"一节，作为本书的收篇之作。

一个人不优秀，会被别人看不起，而一个人优秀就是对他人的最大伤害，招致他人的嫉妒，这就是人性。作为老板，尤其创业有成、甚至有大成的老板，一定要洞悉人性的这一面。然而，现实中，很多创业有成的老板，不洞悉这方面的人性，或者洞悉了，还是不能战胜自己，导致出事。这里的出事不是指经营上的破产，也不是指健康出了状况，而是指深陷囹圄，失去了人身自由。创业当老板，任何一关熬不过，都会死掉，也许熬炼成仙，熬化成神，所有关都熬过了，熬成了合格的老板。但并不代表你不出事，那么，啥样的老板必出"事"呢？

第一类：长期官商勾结的老板必出事

转型时代，一个重要的标志，就是财富的所有权正从政府逐步转向私人，这是社会发展的大趋势。政府是个虚的概念，谁代表政府，就是官员，手握实权的官员。

老板在日常经营过程中，如果不积极"公关"握有实权的政府官员，就有可能失去生意机会，生意就被其他老板夺得，连锁反应，生意机会越来越少。因此，面对政府掌握着生意机会的时候，必须全力以赴公关实权官员。当然，公关方式千奇百怪，如果是通过正常的渠道流程，与政府官员沟通，让政府官员了解自己，确保政府官员相信自己能把事情做好，这是必要的政策事务公关。然而现实中，有些老板，千方百计贿赂官员，色利构陷官员，或直接与官员勾结共同经营分利，这就触犯了法律红线。这后三种如果做了几次得手后，老板在利益驱使下会把持不住，认为天下没有不贪的官，没有攻不下的官员，越做胆子越大，生意也越做越大，贿赂官员的级别越来越高，贿赂数额越大，完全是利益勾连开路。试想，做一次两次出事的可能小，但长期做，经常做，总有出事的时候。

其实，这个出事不是老板出了事，而是官员出了事，连带老板出事，在老板贿赂勾结的官员中，总有那么几个贪婪的，不是以权换钱，而是拿权抢钱的，总有那么几个官员撞在风口上的。官员倒霉了，这些向官员贿赂的，与官员勾结利益分成的，必然会出事。

官员出事就三种情况，站错队、拿错钱、上错床。而站错队，本身是政治问题，上错床一般不好拿证据，而拿错钱，就是最直接的证据。官员之间的争斗，主要是从拿错钱下手。官员手握公权力，垂涎者众，当政的时候，千万只眼睛盯着，没事还有人找事，更何况本身就有问题，官员违法犯罪了，之所以没出事，是因为没有到出事的时候。因为事情还需要你干，让你出事了，活没人干了，所以，等你把活干完了再说。第二种是官员还在掌权，把持着局面，一时半会打不开，但官员总有调走或失去权力的时候。第三种是官商勾结的官员的后面的官员以及再后面的官员，还在掌权，护着没事，而这些掌权者总有调走和退休的那一天。虽然说，官官相护，但也有利益纷争。纷争的最好的斗争工具，就是拿犯法说事，所以，官员就被整出事了，把与官员勾结的老板也就带出来。甚至官员之间的争斗，拿对方的钱袋子做证据。这样，钱袋子老板出了事，而官员之间还维持一团和气，并没出事。

第二类　"疯掉"的老板必出事

俗话讲：言为心声，祸从口出。语言疯狂，肯定是内心疯狂的外在表现。有些老板把企业做到一定规模后，开始疯狂。首先表现在口出狂言，把一切都不放在眼里，认为世界上没有办不成的事情，认为自己无所不能。这些人最初并不疯狂，最多只是自信，然而一旦他们超越了自信，便走向了疯狂，开始冒大话，甚至出口伤人。尤其在人相对多，如五六人以上的场合，老板语出疯狂，不知不觉伤害到周边的人，只是自己不知道伤害了人。说者无意，听者有心，伤人最怕伤心，你伤了他人心，你还不知道。即使不出口伤人，人多的时候，很难有智慧摆平，就会慢待某些人，而这些被慢待的人，如果是气量狭小者，就会埋下隐患。尤其是伤害人多的时候，大家会议论，形成共识，隐患早晚会爆发，这其中如果有人后来掌握了能制约你的公权力的时候，对你有负面印象，麻烦就有可能发生。

第三类 私用公权"杀人"者必出事

私用公权杀人者必出事。因为公权不得私用,更何况私用时,不只是谋私利,还是杀人。这样的老板必然出事。

轰动一时的袁宝璟案,当时,非常明显就是私用公权力"杀人",把弟兄4人杀了三个,一个判死缓。最终,始作俑者刘汉也被枪毙了。有些老板有了钱,有了一些握有公权力的朋友,或家族中有人握有公权力,在遭遇不公,或遇到麻烦时,为了摆平事情,借用公权办私事,甚至借公权力办"杀人"的私事。在这样做的同时,也为自己早晚出事,埋下了定时炸弹。

有个老板,只因经理人到了另外一家根本谈不上竞争对手的公司上班,只是自我感觉脸面上不好看,就动用公权力构陷职业经理人。这其间,检察院抗诉,北京众多知名法律教授联名出具法律意见书,都没能挡住法院的法官枉法判决职业经理人7年徒刑。

借公权力"杀人"办私事,本身就犯法,早晚都会露出马脚。从另外一个角度来看,被冤的人会咋想,会心甘情愿?几年过去了,那位被冤枉的职业经理人的家人、律师还都在奔走申冤,这事早晚会雪白。人在做,天在看。每增加别人一份不幸,都是自己的一份罪恶;堵别人的路,也是在修自己的墙。这样的老板为了点面子上的事,竟然无辜陷害,置人于囹圄之中,早晚得出事。就像袁宝璟一案,始作俑者最终还是被枪毙了。

有人会问,老板为啥会这样做?这样的老板,在有了一定的财富积累,创业有成后,在他的一亩三分地,信奉老子天下第一,啥都不是事,既然啥都不当回事,自己本身就是事,终究还是会出事的。因为,天网恢恢,疏而不漏。不是不报,时候未到。

第四类：不分场合及对象狂秀者必出事

笔者长期做猎头的原因，从40后到90后的老板都有接触，与这个时代有代表性的老板大多都接触过。他们之所以把企业做得很好，主要特征有六：一是自信满满，积极的人生态度；二是穿透力非常强，直指事物的本质；三是勤奋工作，状态激情澎湃；四是有胆有识，无知无畏；五是成功之后总以为无所不能，其实只是支离破碎的穿透；六是把朴素的人生哲理和生意经，视为放之四海而皆准。

很多人看了这段话，会质问我是在表扬还是黑他们。我说，这是大多数老板们的肖像，这正是他们成功的原因。前三个特征，大家会认为是正向的，后三方面会认为是带有负向的。其实，这后三项也是他们成功的原因。比如第四，有胆有识，无知无畏，假若知道太多了，有畏了，也就缺乏行动力了；第五，虽然这些老板本质上是支离破碎的穿透，但他本人却认为无所不能，正是由于自认为无所不能，才勇敢地去投资，大胆地尝试；第六，虽然他理解的生意经和人生哲理都很朴素，是经验之谈，但老板们却认为是放之四海而皆准，到处传播他们的做人的经验和生意经，并且把这经验不拘时代、环境、地域、行业、文化及对象等的差异，而盲目自信地去套，去强行推。正是这些特点，才是老板们成功的特质。不然，怎么会使这个群体创业有成甚至大成？存在就有其合理性。

话说回来，创业有成的老板们的这些特质，虽然是其创业有成的必要因素，有其合理性，但这些合理性背后，也存在着出事的风险。

见过不少老板，十分优秀了，但不明白自己的优秀就是对别人的最大伤害，反而在其他人面前大秀其优异的一面。不同的人秀的方面不同，有人秀是自己所长，有人秀是弥补自己成长过程中所缺。总之，秀的内容大致归类以下十方面。

第一级秀，秀美色，到任何地方，带着年轻貌美的小蜜、情人、娇妻、明星等，秀其个人对异性的魅力，这是最愚蠢的秀。

第二级秀，秀财富，财富多多，尤其秀享受和占有，这是最低级的秀。

第三级秀，秀经营管理能力。

第四级秀，秀社会资源、秀高级广泛的人际关系。

第五级秀，秀爱好，秀与自己企业经营管理所需专业以外爱好，如运动、爬山、高尔夫、爱宠物、古典字画艺术品收藏爱好等。

第六级秀，秀文学艺术才华，写了多少诗歌、散文、小说，出版了多少专著，秀其说唱水平，秀其口才，秀其雄辩思维才情。

第七级秀，秀思想和穿透力、对人生的感悟经验、洞穿人生百态。

第八级秀，秀政治身份，秀省级或国家级政协、人大代表等。

第九级秀，秀子孙，自己有多少个孩子，孩子多优秀，尤其是 50 年代、60 年、70 年代的人，大多都是独生子女，很多老板由于最先出离体制，往往有两个以上孩子，甚至更多，秀自己孩子多且有出息。

第十级级秀，秀子孙的事业，自己的孩子大学毕业了，怎么接班，怎么给几个亿和事业让孩子奋斗，继承家族事业，然后开创新事业，让自己的家业传千秋万代。

为啥爱秀者会出事呢？

秀是人的本能，爱秀是人的天性。作为人应该秀，不秀，谁会知道你优秀呢。所以，秀是每一个人都应该具备的本事，人就应该练就秀的本事。但秀应该分场合、对象、环境、时机，该秀的时候，一定要秀，秀出最佳水平。老板也是一样，老板也应该秀，该秀的场合一定要秀。比如说，面对企业困境，老板必须通过秀，鼓舞人心，激励大家前行；在客户面前一定要充分展现，证明自己一定有这个水平和实力，能把事情办好，让客户放心。但是，不该秀的时候，千万不要秀，因为秀了会埋下祸根，在未来的岁月里会出事。

老板创业有成了，毋庸置疑是最优秀的群体，你的现状已经证明了你最优秀了，你的优秀就是对别人的最大伤害，除了你的父母会为你的优秀感到由衷地高兴外，没有人真心会为你高兴；如果不分场合，再主动秀自己，就等于你在亮剑，在强化自己优秀的同时，证明别人的不优秀，这反而加重了别人对你的嫉妒和极度反感。你在积极主动的秀的时候，往往注意力放在了秀上了，会不在意他人的感受。尤其作为一个大老板，和你交往的都是名人，或非富即贵，达官云集。交往过程中，如果过于繁忙，招待不周，人们往往可以理解，如果是特别爱秀，秀的时候，不仅会忽视他人的感受，还有可能揭了别人的伤疤。前面讲的秀的十方面，任何一方面都有可能是别人的伤疤。且不说前面的几种低级的秀，就说后面的两种，秀自己的子孙众多，且有出息，这一条，你怎么知道听众当中，有人没有子孙，或子孙不成器的，或子孙意外亡故的？因为很多50后、60后的老板，大多都是早期下海，生了两三个甚至更多的子女，但在严酷的独生子女政策环境下，体制内的人大多只能生一个。如果不分场合秀，那些只有一个孩子的，或者孩子意外的，或者根本没要孩子的，或不能生育的，你的秀，也许刚好揭到了别人内心的伤疤；如果秀自己给了子女多少钱，创了什么事业，要知道，很多人在为孩子找份工作而发愁，老板本人就十分优秀了，下一代得天独厚，且十分优秀，别人还咋活呀？更关键的是，秀的时候，忽视了别人的感受，揭开了别人人的伤疤，等于不尊重这些人，这些人也许现在不能怎么着你，但山不转水转，风水轮流转，当刚好转到被揭了伤疤者治下时，倒霉的也许就是你。刚好那块石头落下，砸着了你，你出事了。也许你莫名其妙。凡事皆有因，其实是你平时不注意场合，随意秀的结果。

牢记：所有的人生辉煌，归根到底还是需要平安来托底，否则都是浮云。为此，老板们首先要明白，哪些是有可能带来风险的，哪些是招致灾祸的，哪些是注定会让自己人生心不安的。

后记

本书是老朋友尚元经先生早在两年前的2016年约我写的，终于在2017年国庆节最后一天我才交了差。尚先生在编辑过程中，发现文字水平参差不齐。问我原因，我回答：文字水平高的部分，是在《中外管理》杂志上发表过的。每月为《中外管理》撰写文稿时，因要公开发表，必须字斟句酌，生怕有错讹之处，而且每次交稿后，《中外管理》总编杨光先生都妙手编辑，文辞自然优于我。而文辞粗糙的篇章，一部分是平时随笔速写，还有一部分是写作本书时的急就章。因此，后者的文辞很难达到经过杨光先生编辑后的水平了，难为了尚元经老朋友。

本书最后一篇，"啥样的老板必出事"，是我修改清样时临时所加。因为，自2017年国庆节后到现在这大半年的时间里，我在与诸多老板接触过程中，发现老板即使熬化成神，熬炼成仙，也并不能保证此生就一定平安无事。这其中有时代环境原因，也有社会文化之故，而有的则是人的天性带来的。老板虽然熬成了人物，但毕竟还是人，人的天性是很难战胜的，比如爱秀，尤其成功后的老板，更易张扬爱秀的天性，老板不仅秀其创业成功经营管理的经验，还秀经营管理以外的东西。而这种爱秀的天性，如果不加以节制，很有可能会出事。

于是，我为很多老板，尤其为爱秀的老板的未来隐约感到不安。希望这些老板看到此书后，能够把握秀的分寸，抑制一下爱秀的天性。预祝天下所有老板都能健康平安终老，虽然这实在是一件难事。

还是真正学学李嘉诚吧！因为他把生意做到了极致，也让自己的人生智慧和境界达到了一般老板难以企及的高度。

景素奇

2018 年 4 月